"中国劳模"系列丛书

景泰蓝的传承者

钟连盛

孔德鹏 ◎ 著

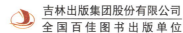

吉林出版集团股份有限公司

全国百佳图书出版单位

图书在版编目（CIP）数据

景泰蓝的传承者：钟连盛 / 孔德鹏著. -- 长春：
吉林出版集团股份有限公司, 2025.3. --（"中国劳模"
系列丛书 / 徐强主编). -- ISBN 978-7-5731-6282-3

Ⅰ. K825.72

中国国家版本馆CIP数据核字第2025VE9346号

JINGTAILAN DE CHUANCHENG ZHE : ZHONG LIANSHENG

景泰蓝的传承者：钟连盛

出 版 人　于　强
主　　编　徐　强
著　　者　孔德鹏
组稿统筹　东北师范大学文学院创意写作研究中心
责任编辑　李　鑫
装帧设计　崔成威

出　　版　吉林出版集团股份有限公司
发　　行　吉林出版集团社科图书有限公司
地　　址　吉林省长春市南关区福祉大路5788号　邮编：130118
印　　刷　唐山富达印务有限公司
电　　话　0431-81629711（总编办）
抖 音 号　吉林出版集团社科图书有限公司　37009026326

开　　本　710 mm×1000 mm　1 / 16
印　　张　9.5
字　　数　100千字
版　　次　2025年3月第1版
印　　次　2025年3月第1次印刷

书　　号　ISBN 978-7-5731-6282-3
定　　价　58.00元

如有印装质量问题，请与市场营销中心联系调换。0431-81629729

序　言

　　劳动创造财富，劳动创造幸福，劳动创造未来。习近平总书记在 2020 年全国劳动模范和先进工作者表彰大会上的讲话中指出："全社会要崇尚劳动、见贤思齐，加大对劳动模范和先进工作者的宣传力度，讲好劳模故事、讲好劳动故事、讲好工匠故事，弘扬劳动最光荣、劳动最崇高、劳动最伟大、劳动最美丽的社会风尚。"当今世界，综合国力的竞争归根到底是科技人才和高素质劳动者的竞争。改革开放以来，我们强大的工人队伍用辛勤劳动和拼搏奉献推动中国制造、中国智造、中国创造走向世界的前列，新时代的中国面貌日新月异。大力弘扬劳模精神、劳动精神、工匠精神，加强高素质技能人才队伍建设，打造一支宏大的知识型、技能型、创新型劳动者队伍是伟大时代赋予我们的历史责任。

　　劳动模范是民族的精英、人民的楷模，是共和国的功臣。自改革开放以来，广大职工勇立改革潮头，独立自主，奋发图强，勇于创新，其中涌现出一批批全国劳模和大国工匠，他们参与建设了代表中国高度、中国速度、中国深度的一系列重大工程，提升了国家实力，打造了"中国名片"，树立了"中国品牌"，增添了"中国力量"，充分释放出工人阶级的创新活力，展示出大国工匠强大的创造能力。他们以工人阶级的满腔热忱在各自平凡的工作岗位上创造了辉煌的业绩，书写了新时代的壮丽篇章。

爱岗敬业、争创一流、艰苦奋斗、勇于创新、淡泊名利、甘于奉献的劳模精神，崇尚劳动、热爱劳动、辛勤劳动、诚实劳动的劳动精神和执着专注、精益求精、一丝不苟、追求卓越的工匠精神，是广大劳动群众在社会生产实践中锤炼形成的弥足珍贵的精神财富，是工人阶级伟大品格的具体体现，是民族精神和时代精神的生动体现。民族复兴需要劳动模范，祖国强盛需要大国工匠，中国制造、中国智造、中国创造更需要大国工匠的强有力支撑。劳模、工匠等的成长故事、先进事迹中承载的劳模精神、劳动精神和工匠精神，是激励全国各族人民团结奋斗、勇往直前的强大精神力量。

"中国劳模"系列丛书，采用图文结合的方式，讲述全国劳模、大国工匠和先进工作者的成长经历及他们追梦、筑梦、圆梦的故事，用他们在平凡岗位上创造不平凡业绩的真实故事感染读者，形成劳动最光荣、劳动最崇高、劳动最伟大、劳动最美丽的社会风尚，引导广大技术工人和青少年形成劳动光荣、技能宝贵、创造伟大的观念。

"匠心筑梦，强国有我。"新时代是一个万象更新、生机勃勃的时代，也是一个继往开来、创新创业和建功立业的大时代。希望广大读者能以劳动模范为榜样，以大国工匠为楷模，立志技能报国、技术强国，踔厉奋发，勇毅前行，锤炼思想品格，汲取劳动智慧，勇于担当、勤于钻研、甘于奉献，为推进新型工业化和乡村振兴，为加快建设制造强国、质量强国、航天强国、交通强国、网络强国、数字中国、农业强国，全面建设社会主义现代化国家贡献青春力量。

中华全国总工会副主席（兼）

中国航天科技集团有限公司第一研究院

211 厂 14 车间高凤林班组组长

2022 年 11 月

扫码解锁

◉群英颂歌 ◉薪火相传
◉守正创新 ◉奋斗底色

传主简介

　　钟连盛，满族，1962年生于北京，现任北京市珐琅厂有限责任公司总工艺美术师。钟连盛是亚太地区手工艺大师，中国工艺美术大师，北京市特级工艺美术大师，正高级工艺美术师，首席技师，国家级非物质文化遗产景泰蓝制作技艺代表性传承人，享受国务院政府特殊津贴，曾于2010年获得"全国劳动模范"称号。

　　钟连盛出生于20世纪60年代的一个工人家庭里。自幼受祖父和父亲的影响，儿时的他不喜欢在北京的胡同里与同龄人打闹，而是爱亲自动手制作一些小玩意儿，木版画、小弹弓、剪纸……钟连盛的童年是在手工艺制作的天地中度过的。从小拥有绘画天赋的他，于1978年以优异的成绩升入北京市珐琅厂技校，学习景泰蓝的设计与制作，从此与景泰蓝这项古老的传统技艺结下了不解之缘。历经进厂实习、辅助教学，最终于1984年考入现北京工业大学艺术设计学院，为之后的职业生涯打下了深厚的理论基础，积累了实践经验，后来他升任北京市珐琅厂副总工艺美术师、总工、总经理。

从复刻故宫里那些历代精美的国宝珍品，到创作《荷梦》《北京风情》《大聚宝盆》，再到设计制作国家重要礼仪场所的景泰蓝装饰工程和国礼，钟连盛一面回望过去，一面展望将来。北京雁栖湖畔APEC会议集贤厅内的精美斗拱里，有他的心血；新加坡佛牙寺那充满东方特色的巨型转经筒上，有他的创意。几十年如一日的努力，他为景泰蓝艺术增添了新的光彩。2019年，钟连盛在央视"文化和自然遗产日"特别节目《非遗公开课》上面向全国观众讲述景泰蓝的发展历程，并受邀参加国庆70周年阅兵的观礼活动。钟连盛的匠心实践，让景泰蓝这门古老的技艺焕发出新的生机，更好地融入了人们的美好生活中。

国家对景泰蓝产业的持续关注与个人的努力，是钟连盛成功的关键，但钟连盛始终将他获得的荣誉归功于集体——一代代投身于景泰蓝传承事业的京珐人。尽管获得了诸多荣誉，钟连盛在当下最为关心的还是景泰蓝技艺的传承问题，他想让年轻一代继承他为之奋斗终身的事业，将这门舶来的古老非遗技艺融入现代人的日常生活并薪火永传。

目　录

第一章　师徒三代的传承

扫码解锁

◉群英颂歌 ◉薪火相传
◉守正创新 ◉奋斗底色

春蚕到死丝方尽，蜡炬成灰泪始干。

——唐·李商隐《无题》

林徽因的临终叮嘱

景泰蓝，亦称"铜胎掐丝珐琅"。其中，"铜胎"二字揭示了其本质，它是一种金属工艺品，而非通常人们所认为的瓷器。这种技艺首先将铜板敲制成不同造型的胎体，再用柔软的扁铜丝精心掐成各种华丽的花纹，然后将其粘、焊接在铜质胎体之上，接着，将珐琅质的色釉填充至这些花纹之中，经过反复烧制和磨光、镀金，便成就了精美绝伦的器物。这种具有独特的工艺的艺术品于明朝景泰年间在北京开始大量制造，且大多使用蓝色珐琅釉，故得名"景泰蓝"。景泰蓝技艺的巅峰时期，实际上是清代的康熙至乾隆年间。

景泰蓝，这一蕴含中华千年文化底蕴的宫廷艺术品，历来备受东西方收藏家们的青睐。尽管其艺术价值与日俱增，但真正收藏这一稀世珍宝的机构却凤毛麟角。在国内，除了故宫博物院、沈阳故宫博物院、台北故宫博物院，在其他省级博物馆中也难得一见其踪迹。在海外，也仅在大英博物馆、美国大都会博物馆、法国枫丹白露宫等寥寥几处知名博物馆中能一窥其真容。

1860 年，英法联军劫掠圆明园后，法国军队的统帅蒙托邦将掠得的景泰蓝珍宝敬献给了当时的法国皇帝拿破仑三世与欧仁妮皇后。为了迎合欧仁妮皇后对中国文物的独特喜好，枫丹白露宫还特意精心打造了一处充满东方韵味的"中国馆"。

在海外博物馆那略显昏黄的灯光下，一件件景泰蓝器物静静地展现在人们眼前，它们不仅是技艺和艺术的结晶，更是历史的见证。那珐琅彩上描绘的牧羊少女是否也在思念着远隔万里的故国？

景泰蓝的"国宝"称号实至名归，这可以从我国著名建筑学家林徽因临终前仍对景泰蓝技艺的传承念念不忘这一事实中得到充分体现。林徽因之所以如此重视景泰蓝技艺的传承，是因为自晚清、民国以来，由于国家局势的动荡，景泰蓝制作逐渐失去了宫廷、政府的资助。多年的战乱，原材料涨价。原本为宫廷服务的艺人流落民间，被迫自谋生路，国内困顿的百姓忙于生存，难以负担起这种珍贵器物的消费，加上现代工业体系的冲击，令这门技艺走上了日渐衰微的道路。

1955 年春，病榻上的林徽因，虽气息微弱，却坚毅地嘱咐年轻的弟子钱美华："景泰蓝是国宝，不能在新中国失传。"在钱美华的记忆里，那个春天显得格外冷。钱美华抑制住自己内心的悲痛，牢牢地将这句话刻在心底。钱美华是林徽因的衣钵传人，也是钟连盛的引路人。为了那句沉甸甸的嘱托，她倾尽一生，矢志不渝地推动着景泰蓝艺术的传承与发展。

在林徽因等一代杰出人士的积极倡导下，景泰蓝这门承载了精湛技艺的古老艺术，在中华大地上焕发出新的生机。从林徽因到常沙娜、钱美华，到张同禄、米振雄、戴嘉林、霍铁辉、刘永森、李新民等老一代大师，再到钟连盛、衣福成、李静等大师，是他们为之不懈的努力，令景泰蓝这项传统工艺如同一只从烈火中涅槃重生的凤凰，在新生的历程中，迈向另一个辉煌的青春。

钱美华的毕生追求

20世纪50年代初，北京城具有百年历史的老商号，如老天利、杨天利、德兴成，都纷纷倒闭，很多拥有景泰蓝制作手艺的艺人不得不靠拉黄包车和摆地摊儿维持生活。市面上仅存的几个小作坊，产量很低，销量不佳，更面临着青黄不接、技艺无人传承的窘境。景泰蓝，这项传承数百年的珍贵技艺，一度濒临绝迹。

但费孝通、梁思成、林徽因、沈从文等人正积极呼吁保护濒危的特种工艺景泰蓝。1951年，清华大学营建系添设了"工艺美术研究小组"。梁思成、林徽因夫妇由北京市工业局局长张锦成委派的北京特种工艺公司在一年前专门聘请来挽救这项珍贵的技艺，格外凝重的神情出现在林徽因清秀的面庞上。

"单凭我们两人能完成这样的任务吗？"

"所以说，要发挥集体的力量嘛！"

"对，再找几个年轻人来我们小组！"

不久，钱美华、常沙娜、孙君莲便在林徽因的组织下加入了小组，负责调查景泰蓝在当时的生产情况和生产流程，同时邀请民间艺人参加实验。几位被迫改行拉黄包车的老师傅得知了这个消息，激动得热泪盈眶。他们第一次感受到自己的身上正承担着一项重要的使命，他们的一生中从未像现在这样，有如此被人需要、被人重视的时刻。

"真没想到如今还有人记得我们这些人！"

"我的这门手艺后继有人，可以传下去了！"

而另一边，钱美华等小组成员同样满怀期待，渴望亲眼见证这种珍贵的手工技艺重获新生。从西北郊外的清华大学，到城东南的工艺品厂，一次次穿梭在偌大的北京城，同时带着几位学生的林徽因哮喘又发作了——但她们手中的景泰蓝却愈发温润、日臻完美。在林徽因的指导下，其团队创作的《和平鸽大圆盘》等作品被选为1952年新中国第一次国际会议"亚洲及太平洋区域和平会议"的礼品，被郭沫若先生称为"新中国第一份国礼"。多

⊙ 2006年，钱美华大师（右）指导钟连盛创作

次前来购买新品的宋庆龄对这些高品位的新作品也是赞不绝口。但这个"景泰蓝小组"很快就在清华大学院系调整以后被取消了。地平线上刚刚浮现的一缕曙光再次被乌云笼罩。

"我们还能继续研究景泰蓝工艺吗？"

钱美华看似瘦弱却意志坚韧，从不轻言放弃。她坚持留在景泰蓝生产第一线，致力于拯救传承这项古老的技艺。1956年，钱美华进入刚组建的公私合营后的北京市珐琅厂，担任起创作设计的重任，成为珐琅厂的第一任总工。在她的职业生涯中，钱美华以卓越的艺术才华和不懈的努力，为景泰蓝艺术的发展作出了巨大贡献。2006年，被评选为第五届中国工艺美术大师。次年，钱美华入选第一批国家级非物质文化遗产项目景泰蓝制作技艺代表性传承人名单，人们尊称其为"钱大师"。

"我确实与钱美华大师有些相像，我也经历了景泰蓝从兴盛走入低谷，直至再度振兴……京珐人一直秉承的是林徽因先生、钱美华大师的那种精神，暗暗地憋着一口气、一股劲，一定不能让国宝景泰蓝在我们手上失传。"回忆起恩师钱美华一生中最为荣耀的时刻，钟连盛此时的心声正是无数大国工匠的共同梦想。景泰蓝技艺便是如此代代相传。

年过八旬的钱美华，始终不忘叮嘱钟连盛带上年轻设计师们参观相关的美术展览和采风、写生，从传统和生活中汲取营养，一如恩师林徽因当年对自己的叮嘱那样。只有听到钟连盛答应自己的要求后挂断电话的声音，她的心才能放下。

2009 年，在钟连盛、李静的协助下，钱美华大师完成了倾注她毕生心血的一件作品——和平尊。这件庆祝新中国成立六十周年的贺礼，也是钱美华大师的收官之作。栩栩如生的凤凰傲立于器物的顶部，俯视着一侧回首的鹦鹉和和平鸽；镶嵌有青金石、木变石、玛瑙、松石总计 266 颗宝石的和平尊环绕在花丝镶嵌孔雀与吉祥的百花百鸟之间，并由 3 头金牛托起瓶身主体，既不乏精细小巧的花丝镶嵌工艺，又融厚重錾铜于典雅富丽的景泰蓝工艺之中，独具匠心的创意设计和高水准制作不仅象征着景泰蓝技艺在新世纪焕发的勃勃生机，更寄寓了中国人民对祖国繁荣昌盛的美好期望。

"能帮助老师完成她的收官之作，觉得特别荣幸。"钟连盛回忆起与恩师的合作时说。

钱美华大师将自己如景泰蓝一般绚丽夺目的一生献给了这一传承数百年的优秀技艺，创作了众多的景泰蓝艺术精品，无愧于林徽因先生的叮嘱。如今，钟连盛也正带领着新一代青年人继续走在景泰蓝技艺的继承与创新之路上。

⊙ 2009年，钱美华大师（中）与艺徒们在作品《和平尊》旁合影

钟连盛的艺术启蒙

钟连盛的一生，是为"景泰蓝"奉献的一生，也是投身于中国传统艺术的一生。从童年一件件木刻的红色伟人像，再到天坛少年宫里正式步入学习美术；从珐琅厂技校里稳扎稳打地夯实基础，再到生产第一线上为一件件精品挥洒汗水……吉祥花鸟在指尖穿梭，恩师教导在心间铭记。人生中遇到的困境，经历的坎坷磨难，获得过多少荣誉，钟连盛自己也数不清。

故事还要从钟连盛的祖父开始说起。早在 1949 年以前，钟连盛的祖父就带着自己唯一的儿子从河北易县来北京谋生。在同乡的介绍下，祖父跟着一位姓宋的掌柜，学习制作各种手工日用品：鞋刷、油漆刷、牙刷……这些都是老百姓日常生活中必不可少的用品，自然不愁销售，但是利润微薄，收入勉强够一家人度日。祖父与钟连盛一家居住在一起，老人家是满族，虽然一生坎坷，但家教甚严，在钟连盛的记忆中，爷爷不仅礼数颇多，待人接物的要求也很高。

钟连盛出生在北京东城区的草园胡同，院子门口有一个大在的木头影壁，还有一棵高高的椿树。全家住在西屋的两间半房。

"这次的'宝贝'可要藏好，别被发现了！"

"放心，我们的秘密基地，谁也别想发现。"

钟连盛和小伙伴们的"秘密基地"就在东墙边的椿树底下：那里有一个树洞，但可不是一般的树洞，洞的内壁被他精心打磨过，光滑而精致，是钟连盛和小伙伴们的"藏宝洞"。一年四季光阴流转，"藏宝洞"里的"住户"也会经常更换：从春天的毛毛虫到秋天的各色树叶、树根儿，凡是钟连盛感兴趣的，都是他"藏宝洞"里的宝贝。这里也是一个观察大自然的"天然实验室"，钟连盛会将收集来的植物根茎储存在里面，再用自制的盖子盖住洞口，用树叶和枝条进行"伪装"，这些神奇的秘密就不会被潜在的"盗宝贼们"发现了。一有时间，钟连盛就去仔细观察洞里收集来的那些离开土壤的植物，它们的色泽是否更深了？更加油亮了？每次观察完毕，这位小科学家都会留心将"宝洞"的"大门"关好，以便下次来访。几十年过去了，钟连盛依旧清楚地记得"藏宝洞"的模样，说不定将来某天还会去"回访"那个大树下的童年世界。

在父亲这位能工巧匠的影响下，儿时的钟连盛和自己的大哥都很喜欢手工制作一些小物件。20世纪60年代，流行木板刻像。当时，木板刻的毛主席像是最常见的，刻成之后还可以再拓印下来收藏，非常受孩子们的欢迎。木刻像有大小不同的版式，但都

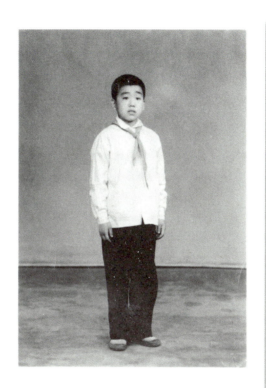

⊙ 1970年，8岁的钟连盛

需要投入耐心和精力，钟连盛不像同龄的其他孩子那样喜欢打闹，他从小好静，他很喜欢这项手工制作活动：伟人精细的头发、熟悉的面庞和整洁的衣领，都能在他手中的木板上慢慢浮现，这种快乐是无与伦比的，因此他的童年里的很多时光都是在这些手工活动中度过的，无论是把手上缠着细铜丝的弹弓，还是在电光纸上的精美拓图，或是用刻刀一刀一刀刻好的剪纸，他都亲自动手制作。童年时的钟连盛字写得不错，喜欢绘画，也喜爱刻剪纸，他积攒了厚厚的一大本剪纸，还收集了不少小工艺品。这些爱好和习惯，都和他的家庭氛围紧密相关，一名小艺术家就这样在草园胡同里诞生了。

1970年，8岁的钟连盛进入小学后，由于父亲在位于南三环的北京制刷厂上班，考虑到上班地点离家比较远，一家人便搬到南城崇文门外红桥的沙土山一巷，也就从北新桥草园胡同的代代红小学，转学到南城崇文区磁器口的东唐小学。在东唐小学，美术教师张冀晋组织了一个美术小组，这个美术小组由来自不同年级的四五个喜爱绘画的学生组成，从小喜爱版画与手工制作的钟连盛就是其中一员。

当时，能接触的美术素材不多，但张老师竭尽所能地利用手里的一切资源，为兴趣小组的孩子们营造了一方小小的"艺术天地"：从小人书到工农兵形象选，再到国画、油画小画册与板报资料……张老师就这样带领学生们练习临摹和速写。钟连盛的美术天赋就这样在张老师的培养下得到了开发，他非常用功，学校组织大型活动时的板报宣传设计他都积极参加。

1975 年，钟连盛进入了北京市第 226 中学。在校期间，钟连盛担任过班长和中队长，还是学校里的鼓乐队队长和指挥。他不仅在美术方面成绩突出，文化课成绩也名列前茅。初中毕业时的北京市统考，他的文化课成绩是年级第二名。14 岁那年，钟连盛偶然获得了一个宝贵的机会：他在学校的推荐下参加了天坛少年宫的美术班，开始正式学习素描、色彩和速写。他还是年级 400 多名学生中仅有的两名共青团员之一。钟连盛本来是有机会进入历史悠久的汇文中学继续学习的，但他还是选择了美术这条路。父母尊重他的选择，但也为他担忧。

"最好能安稳下来，找个出路。"

"我还是想去学美术。"

"在哪个学校呀？"

"珐琅厂技校，离家也不远，爸妈不用担心。"

虽然中专技校已经开始恢复招生，但设置美术专业的学校很少，北京市珐琅厂技校是为数不多的加试美术的学校。于是，在1978 年的夏天，通过招生简章得知珐琅厂学校可以"画画"的钟连盛，抓住了这个机会，毅然决然地报考了珐琅厂技校。由于成绩优异，他很轻松地就进入了珐琅厂技校，从此与景泰蓝制作这门艺术结下了不解之缘。

⊙ 1977年，钟连盛（前排中间）参加北海团日活动留影

第二章　求学与深造：初入景泰蓝行业

⊙ 1979年，钟连盛（第三排左三）与北京市珐琅厂技校同学在颐和园写
生合照

孩儿立志出乡关，学不成名誓不还。

——毛泽东《七绝·改西乡隆盛诗赠父亲》

初入艺术殿堂

北京的景泰蓝行业在新中国成立以前，其技艺主要依靠在传统的作坊传承，这种旧式的"口传心授"传艺方法受限于时代，依旧停留在"同行是冤家"的旧观念里，这对景泰蓝技术的传承与发展极为不利：不仅同行之间绝无技术交流，连师傅也不会把自己所有的心得传授给徒弟，往往"留一手"以保住自己的饭碗。直到新中国成立以后，北京市开办了一所北京市工艺美术学校，专业涵盖北京传统工艺美术多个门类，其中的景泰蓝专业，终于培养了一批真正意义上的专业人才。然而好景不长，"文革"期间，该校停办了。

后来，因为珐琅出口是重要的外汇来源，为国家经济建设不可或缺，急需一批珐琅专业的人才，于是在1978年重新恢复了办学。一直到1980年，也就是钟连盛从珐琅厂技校毕业的那一年，中央电视台新闻联播节目报道了当时成立不久的珐琅厂技校办学情况，这一行业的人才培养工作现状才逐渐被全国所关注。

据钟连盛回忆，在珐琅厂技校的两年半时间里，课程主要包括素描、色彩、国画，其中工笔花鸟、山水、人物都需要掌握。李静校长亲自给同学们讲授唯物辩证法的相关课程；语文老师兼班主任郑厚雄，是原来老美校的老师，十分敬业；当代著名画家龚文桢教他们工笔花鸟画；会拉手风琴的张文池老师多才多艺，负责素描、色彩、速写等多门课程；有着丰富景泰蓝专业设计经验的戴嘉林老师教专业设计；刘牧老师是给钟连盛留下深刻印象的一位老师，他是著名山水画家吴镜汀的弟子，艺术修养深厚，给同学们讲授中国绘画史、中国工艺美术史，还经常带同学们去北京各地写生，将学生们引入中国传统山水艺术的天地，在中国优秀传统文化的广袤沃土中吸取养分。从清代"四王"的山水长卷，到故宫博物院里青铜器、陶瓷和玉器，都是他们临摹的对象。龙凤、兽面，样样俱到；饕餮、花鸟，处处留心。

"下周写生课我们要去颐和园采风呢！"

"真的吗，太好了！真想去看一看。"

颐和园的辛夷、大玉兰树，中山公园的玉兰、牡丹，无不给钟连盛留下极深刻的印象。北海公园五龙亭的微风、绿柳伴随着明丽的色彩，构成了记忆中一幅幅珍贵的场景。虽然那时学习资料缺乏，但只要大家多走走、多看看，手不停歇，临摹写生，互相交换拓稿，就能积攒成厚厚的一大摞完整资料：北海和故宫的九龙壁作品，就是依靠同学们每人绘制一条龙的方法集齐的。这些培养课程对于一名未来的景泰蓝设计师来说是基本功，因为合格的设计师必须能满足顾客的各种设计需求，必须见多识广、成为"杂家"。

当时的珐琅厂技校与之前的北京工艺美术学校有着类似的课程设置。学生们在学习美术基础知识和专业设计之余，也参加生产车间的实习活动。同学们可以自由参观工厂的生产，这足以激发他们对未来职业的兴趣。这种理论与实践相结合的教学模式，对于刚刚初中毕业的学生来说具有很强的吸引力，工厂里的一切都吸引着钟连盛的好奇心：成品、半成品、原材料以及工人们热火朝天的劳动景象……一件件精美的作品在近 800 度高温的烈火下涅槃重生，炫彩夺目，工业之火与艺术之美在钟连盛的眼前合而为一，仿佛它们就是为了吸引世人惊叹的目光而生的。一想到自己毕业以后也要参与其中，钟连盛就觉得自己的身上充满了干劲，学习的动力也被激发了起来，他有了明确的职业目标。

正因珐琅厂技校设置在工厂里，钟连盛才有机会认识当时作为珐琅厂第一任总工的钱美华大师。当时钱美华大师的总工室和大设计室是向学生们完全开放的，与大师的近距离接触更是吸引了钟连盛和他的同学们。那时并没有电脑和复印机，所有的图纸都依靠手工绘制。景泰蓝是一种纯手工制作的艺术品，从设计到制胎、掐丝、点蓝、烧制、磨光、镀金，总共需要 100 多道繁杂的工序，因此没有人能精通全部工序。同学们主要是跟不同的技师学习某一道专业的技艺，老师傅们虽然经验丰富，却不大会讲授的技巧，这就需要学生们在学习时自己多观察、多体悟、多总结。钟连盛在跟老师傅们学习的过程中，深入用心领会，因此颇有心得。

崭露头角的"青工"

1980 年，刚从珐琅厂技校毕业的钟连盛进入了北京市珐琅厂二车间工作。钟连盛在刚进入车间工作时，跟随擅长"百鸟朝凤"的于兆贵老艺人、擅长"龙怪"的高富师傅和擅长花鸟的陈库江师傅学习掐丝技术。说到掐丝，这是一道极为复杂的工序，需要用手持专用的掰活镊子先将铜丝照图纸掰成各种花样，再一根根地粘到铜胎上去。有些小的图案看起来只有毫厘大小的尺寸，却往往耗费心力，需要几个小时才能完成。刚刚完成理论学习的学生们实践经验不多，因此在这一阶段需要下苦功夫。

"你们要记得，老师教授的知识只是一小部分，最根本的还是要靠自己去悟！"师傅们说。

钟连盛总结出一套学习的经验：不耻下问、虚心求教以及"三勤"，即口勤、眼勤、手勤。学习时要多思考、多观察，要特别注意细节：有时用指甲和用拇指肚做出的花刻也是不同的。虽然练习的过程很苦，钟连盛的大拇指不时地被铜丝顶得淤血，但在他看来，这些磨砺都是值得的。功夫不负有心人，他的勤奋踏实被师傅们看在眼里。这天，平日里严肃的老师傅出人意料地送给了钟连盛一份"惊喜"——一把钢制的镊子。

钟连盛按捺不住内心的喜悦，连连道谢。要知道，实习的同学们往往只能使用铁制的镊子，铁镊子容易变形，钢镊子则更坚固。在老师傅充满期望的目光中，钟连盛怀着激动的心情收下了这份礼物，并将师傅的这份认可珍藏至今。

不久之后，厂里举办了一次技术竞赛，竞赛题目是一份出口订单中的二细产品"花篮"纹样：其上下口是"勾子莲"，主体部分则是百花花篮。考验钟连盛这一批兼具理论与实践经验的毕业生的机会到了：他们要用实力来证明自己是受过专业培训的人才，证明珐琅厂技校的设立与多年的心血付出是值得的。

比赛正式开始，所有比赛选手都铆足了劲，人人都屏住呼吸，热火朝天的工作现场比往日里多了一份紧张的气息。钟连盛听到自己的胸腔传来咚咚的声音，那是激情的节奏、是期待获得认可的呐喊。

"这次的比赛怎么这样难呀？"

"这次题目是专门用来出口的产品，当然和以往不同了。"

"可不是嘛，就说这花纹、这花瓣，没点实力可做不好的。"

围观的人们纷纷议论。

不过，对于钟连盛来说，越是困难，他越是干劲儿十足，他觉得自己仿佛肩负着技校老师和老师傅们的期望，这期望仿佛又化为神圣的使命，正是这种崇高的使命感，给了他源源不断的勇气和信心。他将呼吸调整平稳，将所有注意力倾注在手中的铜丝上，时间一点点过去，他手里由铜丝构成的花瓣也渐渐成型，开始变得饱满而生动。凭借在珐琅厂技校打下了坚实的理论基础，加上平时的勤学苦练，钟连盛流畅饱满的缠枝莲和花篮花卉精致传神的掐丝获得了本次竞赛的一等奖，得到了车间主任刘德才的赞赏。这极大增强了钟连盛进一步学习深造的动力和信心，也证明了新的传承人才培养模式确实有效：新中国成立之初林徽因先生开启的人才培养工作，终于结出了硕果，新一代的景泰蓝传承人正走在超越传统、超越古人、通向未来的道路上。

再度深造与学习

1956年，钱美华大师进入北京市珐琅厂工作，为了满足香港和东南亚地区的出口订单，钱美华大师决定调整现有的生产流程。她逐步建立了景泰蓝的图纸化、规范化生产，成立设计室，这样珐琅车间生产流程开始规范起来。

1961 年后，老北京工艺美术学校的学生毕业陆续进厂，进入设计室工作，负责开发设计新的产品图案，这极大丰富了产品的种类。景泰蓝复杂的制作环节被分配到不同的生产车间生产，流水线式的操作极大地提升了生产效率，分工负责的人员安排也有利于风格不同的设计师发挥自身的长处。专业化的现代分工与生产适应了现代化的市场。

1963 年，拥有数百年历史的景泰蓝行业，第一次拥有了全行业落实到具体文字的统一标准——《景泰蓝工艺操作规程》。这是景泰蓝发展史上一块重要的里程碑，是由作为全国景泰蓝行业龙头企业的北京市珐琅厂组织编制的，这无疑是京珐人的骄傲。在几代人的不懈努力下，北京市珐琅厂的规模逐渐扩大，同时带动了北京、河北地区不少乡镇企业，形成了完整的产业链和产业集群。不仅如此，北京市珐琅厂为国家出口创汇和新中国的经济建设做出了巨大贡献。

20 世纪 80 年代初，随着钟连盛等新一批人才的加入，北京市珐琅厂的新产品不仅继承了景泰蓝自明代以来的传统风格，还开发了众多富有新意、典雅大方、色泽明丽，广受客户好评的新产品。除了传统的各色器型，工厂里还开发了许多贴近百姓生活的实用型产品，如灯具、茶具、烟具等。

当时景泰蓝行业对新型人才的需求格外突出，而珍贵的机遇正是留给那些理论与实践经验兼备的人才们的。这天，正在掐丝

⊙ 20世纪70年代的北京市珐琅厂

车间聚精会神掰丝的钟连盛突然接到现在北京市珐琅厂技校缺少老师的消息。于是毕业后在掐丝车间仅仅工作了 6 个月的钟连盛就被抽调回北京市珐琅厂技校当老师，主要负责辅导教学和学生的实习工作。

回到母校的钟连盛，看见了一群和自己一样热爱艺术的年轻学生，他仿佛回到了熟悉的旧时光——虽然并未过去多久，但此时的钟连盛已经不再是学生，而是以老师的身份看待周围的事物。"这些同学们，真像当年的我们哪！"他感到自己的内心重新燃起当初那股对知识的渴望，更感到一份责任的重担正沉甸甸地落在自己的肩上。知识，不仅仅开阔了自己的眼界，还改变了自己的命运。有了这次重回母校的机会，钟连盛更是紧紧把握住每一次学习与教学的机遇。他下定决心：要以昔日的恩师、今日的同事们为新的榜样，成为像他们那样学识渊博的艺术大师。人生的阶梯在钟连盛的面前展开，他的眼前只有一个目标：更上一层楼。

从事教学工作 3 年后，1984 年，22 岁的钟连盛考入现北京工业大学艺术设计学院，进入工艺美术系的工艺绘画专业进行深造，师从万一、罗慧先、梁远等人。这所当时成立还不到 3 年的职工大学，远在怀柔慕田峪，学制 3 年，需要完全脱产学习。

1985 年前后，当代艺术思潮兴起，钟连盛对当代艺术的爱好就是在大学期间培养起来的。同时，学校的坐落之处，也拥有陶冶艺术情操的绝佳环境。

慕田峪本是一个小山村，因在崇山峻岭间蜿蜒的"慕田峪长城"而闻名。这里山峦起伏、林木葱郁，自然风光优美。职工大学的同学们常在课程不多的时候去结伴进村写生，走入大自然中去感受和欣赏自然的魅力。每逢周末，钟连盛便和同学们翻山去更远处的村子去写生采风，去爬慕田峪长城。秋日的慕田峪长城在山峦之间静静地盘旋着，它用和缓的身姿而非其他长城那陡峭的台阶来迎接艺术家们。夏夜里，青蛙在田间不安分地聒噪着。只需用手电筒一照，这些"嚣张"的歌唱家们就浮在水面，仿佛吓傻了一样，一动不动了。到了白天，慕田峪的梨树、板栗树、柿子树、山楂树成群结队地迎在路边，欢迎未来的艺术家们记录下自己的曼妙身影……钟连盛和同学们边逛边画，在这种自由自在的艺术氛围陶冶下，练就了过硬的本领。他们还走南闯北，无论是西安、成都、重庆这些城市的古迹，还是长江三峡、川南彝族等自然风光优美朴实的古道民风，都在钟连盛的记忆里留下了珍贵的印记。

"真不知道大家毕业以后都去哪里。"

"我也不清楚，听说不少聪明人，都去'下海'经商了，谁还坐在小屋子里搞设计呢？"

"就是就是，现在可不同了，我们也得追赶时代的潮流呀。"

1987年8月，又是一个毕业季。往日一起学习生活的同学们各奔东西，毕业后选择留在工艺美术行业的不多，钟连盛是少数

⊙ 1985年，采风期间的钟连盛

坚持下来中的一员。因为他的心中始终惦记着珐琅厂的师傅与技校的学生们，那里如同家一般温暖，令人难以忘怀。那是他成长，也是他成才的地方。毕业后的钟连盛再次返回北京市珐琅厂工作，这一次他主要负责职工专业美术轮训的工作。然而，此时已经即将进入 20 世纪 90 年代，20 世纪 70 年代末的行业盛景如今已是过眼云烟。新的危机开始渐渐浮现。

"我们珐琅厂，如今遇到了一些问题。这些问题，实际上不单单是对于我们而言的，整个行业目前都面临着前所未有的危机。一方面，国外市场开始渐渐饱和；另一方面，国内市场还未形成，人们的生活水平提升不多，对于珐琅这种高级工艺品的消费需求还不高。"

"只有人们的物质生活水平达到一定高度，拥有较好的艺术素养，才会考虑这种文化和精神产品的消费。我们如何开拓新的市场呢？"

"这也是为何以往的订单，要么来自香港等地区，要么来自西方发达国家的原因。市场经济开始替代原先的计划经济，原先那种只考虑生产、不考虑市场和销售的做法已经行不通了。"

"这也是我们现在必须改革的原因，谁先想到变革，谁就能在市场竞争中存活下来。如果只是因循守旧，那么不仅当下的问题无法解决，以后的问题也会越来越多。"

在北京市珐琅厂的会议室里，领导带领大家针对目前市场销

⊙ 1986年，钟连盛（左一）于川南彝族地区采风

售环节出现的问题，展开了讨论。这样的场景，已经不是第一次出现了。

"是呀，我们必须摆脱'外包'，必须坚守质量优先的原则。"

原先的"外包"，是为了满足国外客户订单和产量的权宜之计，却因为监管缺失，导致部分粗制滥造的产品流入市场，这对珐琅厂的品牌形象极为不利，同样的问题也出现在其他同行那里。因此，一场改革势在必行，要以我们设计和技术的优势开发设计新的产品才能打破局面。此时工作刚刚稳定下来的钟连盛面对的是一切未知的职业生涯前景，他会怎么做呢？

第三章　荷梦：步入千禧年的珐琅珍品

扫码解锁

◎群英颂歌 ◎薪火相传
◎守正创新 ◎奋斗底色

小荷才露尖尖角，早有蜻蜓立上头。

——宋·杨万里《小池》

春风又入珐琅厂

"听说了吗，今天中国美术馆外面要办一个展览呢！"

"是那个当代艺术展吗？我也想去！"

"走，一起去看看！"

时间回到钟连盛回厂的两年前，那时一群艺术家在中国美术馆外面举办当代艺术展，以期让当代艺术的清风吹遍全社会。新理念、新思潮、新美学，是人们在新时代追求的新目标。此时的钟连盛已经意识到，整个社会上的文化艺术氛围，已经和从前大不一样了。

1987年，改革开放的春风，早已吹遍全国，人们的思想观念、审美素养也和以往不同了。朱光潜老先生时隔多年，重新开启了和青年朋友们的美学通信；李泽厚的《美的历程》，让无数国人沉浸于中华传统之美。美，这一千百年来为无数文人墨客所垄断的谈资，开始进入寻常百姓家。从明清宫廷里走入人间的景泰蓝，却依旧保持着她那繁缛而充满累赘的身姿。是时候该让景泰蓝这位贵妇人重新焕发青春了。

经历3年专业学习的钟连盛，打定主意要革新景泰蓝的设计：要创新、要改变。只有创新，才能让景泰蓝焕发生机；只有改变，才能让市场拥抱传统。恰好原先在北京市珐琅厂技校教过钟连盛的刘牧老师，调到中国画研究院，在改革开放的最前沿——深圳开办了一个画廊。刘牧老师的一批订单给了钟连盛很大的启发，让他意识到改变是可行的。这批符合当代人审美风格、融入抽象艺术的景泰蓝装饰壁饰，被精心装裱在框内并挂在画廊上，获得了不错的销量，赢得了市场的认可。

"消费者会对这种抽象艺术感兴趣吗？"

"可以试一试，现在的人们可不像以前了！"

于是，从掐丝到点蓝，从烧蓝到磨光……钟连盛回到了往昔的旧时光，和自己心爱的作品一同度过无数个白天和夜晚。对于钟连盛而言，全新的艺术语言，无不诉说着新时代人们的新期盼。珐琅厂的新希望，伴随着冲床巨大的轰鸣声，回响在每个人的心中。每当一件新产品完成，温文儒雅的钱美华老师的面庞就会浮现在眼前，鼓励着每一个奋斗在生产一线的京珐人。钟连盛相信，只要大家齐心协力，没有什么是办不到的。

1991年，为了进一步迎接新挑战，从北京工艺美术总公司技术处调来的李新民处长，正式成为北京市珐琅厂第二任总工，他

⊙ 钟连盛早期写生作品

确立了珐琅厂新产品开发新的"紧跟时代、贴近生活、表达感情"的创作思想。设立了新产品开发部，之后，实施了以市场为导向的工业设计示范工程——景泰蓝二代产品的工业设计，倡导包括中国传统文化系列、欧美文化系列和穆斯林文化系列在内的"三个文化系列"的开发方向。紧跟时代，是要求新产品的设计风格要考量艺术领域的最新成果，兼顾大众审美；贴近生活，是要求新产品必须逐渐融入百姓的日常生活，不能像过去一样深藏于宫廷之中为少数人专享；表达感情，是指新产品应当充分展现现代人的思想和精神风貌，让景泰蓝成为这个时代的景泰蓝。

在新理念的指引下，一大批独具特色的新产品纷纷出炉。"太白瓶""银星瓶""北京四合院风情"、垂绕式花卉装饰设计等各领风骚。于是京珐人再一次独占鳌头，北京市珐琅厂也在20世纪90年代初迎来了转机，成功摆脱暂时的困境。钟连盛也紧跟时代，不断学习，迈向了人生的新阶段。

升职到开发部

1996 年，钟连盛调入珐琅厂新产品开发部担任副主任，主要任务是负责厂里的新产品开发工作。据钟连盛回忆，他的现代景泰蓝创作之路，就是从这时开启的。经历过技校和职大的多年学习，再加上丰富的实践和教学经验，钟连盛在这个岗位上是得心应手。正所谓"天道酬勤"，多年的学习与工作经历，帮助钟连盛一步步走向实现人生梦想的道路。

在新产品开发部的办公桌前，钟连盛望着厂里开发出来的新产品，抚摸着一张张设计图的边角，常常陷入沉思。

当时全民文化素养已经大大提升，人们的审美需求也和从前不一样了。刻舟求剑，再精美的传统艺术也会步入尘埃；破釜沉舟，再危险的境地里也能绝处逢生。必须追求全新的艺术效果，必须节省新产品的工艺原料，必须保障新艺术的可靠质量。只有进行工艺变革，才能创造出属于我们这个时代的景泰蓝。景泰蓝艺术，必须适应当代人的审美需求，这样的传承才是最好的传承，这样的发展才是最好的发展。钟连盛在柔和的灯光中下定了决心。

眼见天色逐渐暗淡，钟连盛继续思考着新产品，同时在想象着景泰蓝的前身。明代，既是一个远迈汉唐、文化昌盛的时代，也是一个市民阶层逐渐兴起，远超以往历代的时间节点。随着新兴的市民意识的崛起，新的审美风尚也逐渐兴起。假如那时景泰蓝艺术能流入民间，而不是常年居于深宫，它将焕发出怎样迷人的风采？

此时的钟连盛思绪万千，沉浸在艺术的想象中。如今，社会经济发展不断提高着人民群众的生活水平，人们会希望景泰蓝在自己的家庭中扮演什么样的角色？这不仅仅是设想，钟连盛想要一步步将美好的愿景打造成新的现实。

传统的景泰蓝有一个特点，那就是大多是单件的产品，偶尔会有成双成对的作品。或许，可以设计出大小尺寸不一致，但内在精神相通的系列作品，这样的系列作品是不是更符合现代人的收藏需求与展示需求呢？再采用同一题材进行装饰，那么最终呈现出的效果一定能够惊艳世人。最重要的是，这样的作品也方便群众按照自己的消费需求与经济水平自行挑选和购买，能让更多人体验景泰蓝艺术的魅力。

在那些"无心插柳柳成荫"的时刻，古代的艺术工匠，即使被束缚在一座座皇家工坊里，依旧创作出了景泰蓝这一艺术奇迹；今天的人们，更应当能够在前人的基础上，让景泰蓝展现出惊艳世人的光彩。钟连盛充满了信心，此时的他望向窗外，寻找着新的灵感。

如果李白没有在敬亭山独坐，他是否能够写出那"物我两忘"的千古名句？

也许，最好的灵感，永远来自大自然，来自那勃勃生机萌发的土地，来自那潺潺的流水与寂静的山林。只要把握住生活中的点点滴滴，用心体悟，艺术的灵感就会降临。

夕阳下的灵感

那是一个再平常不过的夏日，午后的阳光洒满了池塘，微风拂过静静的水面，涟漪伴随着浮萍在朵朵荷花下摇曳着。钟连盛坐在龙潭湖公园西湖旁的长椅上，像往常一样望着公园里的景色。不知不觉间，时间就这样偷偷溜走，直至夕阳西下，金黄色的光芒倾泻在荷塘里，两只野鸭相伴着游过荷叶之间。刹那间，这个温馨、和谐、浪漫的场面打动了钟连盛，这正是他寻找的那种灵感——自然中的和谐。瞬间的灵感汇集成了脑海中的新意象，"荷梦"系列的设想就在这片梦幻般的景象中诞生了。

之后钟连盛不断地在寻找着能完美地展现"荷梦"诞生那一刻的美的方法，他必须解决一项工艺上的难题：大面积无丝点蓝而不崩蓝，将大地的光辉与纯净重现在作品上。

"景泰蓝要是无丝，那还能叫景泰蓝吗？"

"对呀，烧制的时候如果没有铜丝固定，肯定是会'崩蓝'的！"

传统的景泰蓝制作工艺必须有丝，否则面积过大极易导致釉

⊙ 20世纪90年代，钟连盛给车间技师们讲课

色在烧制的过程中形成"崩蓝"，不仅如此，在后续磨活的过程中也容易造成"惊裂"。这也是为什么传统的制作工艺里，一直要求用铜丝来勾勒表现装饰的内容。铜丝不仅能防止在制作过程中出现类似的瑕疵，还能体现出景泰蓝工艺精致华丽的特点。这既是景泰蓝的优点所在，也是一种工艺上的限制。

钟连盛此时关注的重点在于：如何防止出现这些意外的同时，表现出大面积的润色效果。他想让"荷梦"的设计突破传统——将新工笔画的效果融入其中，因而必须大胆改进工艺。但改进工艺难度极大，牵一发而动全身，必须时时提防、处处小心。比如说打胎环节几个部分之间焊缝不严，焊丝的焊药太厚，或者出现处理不干净的状况，那么由于大面积的釉色中间没有铜丝，就会造成崩蓝的现象。同样，点蓝的时候也不能点的太厚，也会造成崩蓝现象，导致作品不够完美。

钟连盛不断尝试，一次不行，就进行第二次。每一道工序，钟连盛都认真对待，和各工序的技师们反复商量、探讨，寻找最合适的解决办法。在一次次实验中，大面积无丝的工艺越发变得可能，直至那带着灵动水波纹的"荷梦"诞生在人们的视野之中。

"头一回看到能烧制出这么大面积的釉面！"

"真是太漂亮了，丝毫不亚于我们珐琅厂过去传统的产品。"

"这种效果，更丰富了景泰蓝艺术的表现力。"

这是一件近乎完美的作品！在场的每一位技工都激动起来，

⊙ "荷梦"系列

钟连盛将工艺和艺术紧密结合的设想终于实现：那个夏日傍晚的梦幻景象，终于融入了景泰蓝这项古老的工艺之中。这是一个传统绘画中再平常不过的题材，对于景泰蓝工艺而言却是一个突破自我的崭新时刻。它标志着普通的传统题材，经历过这次工艺上的改进，被赋予了崭新的时代气息。成功的喜悦感染了在场的每一个人，同时让钟连盛坚定了自己的信念。此时此刻，那些往日里没什么稀奇的主题，在钟连盛的眼里都充满了新鲜感，他坚信自己能将这份喜悦通过景泰蓝传递给每一个人。

"荷梦"只是一个开始。在这次成功之后，钟连盛一口气陆续开发了好几个系列的作品，比如"清韵"系列、"四季平安"系列、"北京风情"系列……每一个系列，都是艺术与技艺的完美结合；每一个作品，都是辛勤与灵感的见证。它们有的展现了传统国画艺术的典雅，有的寄寓着当代人最朴素的思想情感；又有的以崭新的视角讴歌了传统的民俗文化。在钟连盛看来，这一件件崭新的作品，都是在一个个新的创作理念之下诞生的，是富有情感的，有艺术追求的，在风格上体现设计者的文化艺术修养，在造型上使纹样与色彩实现完美统一。工艺的进步必须与艺术的主题相结合，做到和谐精致、完美。

进步的脚步永远不会停止。钟连盛觉得，思路的大门一经打开，就永远不会关上。无论是将古典文化元素融入现代艺术，还是将当代文化元素融入古典艺术，都是可以尝试的方向。一幅幅绘画，一张张照片，汇集在脑海中，构成了一件件新的作品。谁说中国没有当代艺术呢？我们这一代人的实践，一定会成为当代艺术的典范！

"○"系列的诞生，标志着钟连盛在景泰蓝工艺中融合当代艺术的成功，他尝试用单纯的直线和圆圈这种简单的几何形式图案代替了传统的花鸟人物，用最新的艺术形式表现了当代人的真实感受。钟连盛的这种尝试是经过深思熟虑的，他认为以往人们欣赏一件景泰蓝佳作，第一时间视线总是被器物上的精美图案吸引过去，而忽视了釉色本身的美。当釉色的斑驳肌理与光泽在简单的抽象的几何图案的衬托下脱颖而出时，人们自然会重新关注到构成与釉色本身的工艺之美——这是以往只有景泰蓝的创作者才能够欣赏的美。

"我意识到，东方人所谓的敛心默想和清静无为是什么意思。很大程度上，我并不在意时光是怎么流逝的。白昼向前移动，好像要照亮我的某些工作。"当梭罗在瓦尔登湖畔静思冥想之时，也许会品味到这种中国古典美学中的韵味。时间不仅仅在昼夜之间交替，它也在四季的轮回之中悄悄流逝。人们对未来的美好期盼，就在这期间静静地萌发。

"四季平安"是钟连盛在 2005 年创作的系列作品。它的全称是"四季平安，年年有余"，创作的思路在于向人们展现四季之美。

春，是绿意盎然的季节，那含苞待放的花朵、随风摇曳的绿柳，在流畅的线条中尽显生命的本色与活力。正如古人诗云："照日深红暖见鱼"。人的感受总是滞后于这些自然界的生灵。

夏，是酣畅淋漓的季节，墨绿色的浓荫之下，藏着人们的童年与快乐。接天莲叶无穷碧，映日荷花别样红。鱼戏莲叶间，夏天的热情，不是众所周知的吗？

秋，是成熟收获的季节，落霞与孤鹜齐飞，秋水共长天一色，蓝色的天空与水面交融在一起，不分彼此；鲜艳的红叶绽放在云水之间，比花更美。

冬，是冰霜遍地的季节，大面积的釉色极大增强了景泰蓝的艺术表现力，留白的使用令人联想到"此时无声胜有声"的美感，让人仿佛置身于冰天雪地之中。

同样是大地留白不掐丝的工艺，使得《四季平安》主题鲜明，独具崭新的工艺和艺术特色。

　　植物、动物、四季……今天的人们，还会对什么题材感兴趣呢？

　　钟连盛这天正在书店里闲逛。只见书架旁，一个学生模样的少年，正在认真地品读《陶渊明诗集》。对，田园与乡村题材，在城市也一定会受到欢迎。在高楼林立的快节奏的现代都市，人们怎能不羡慕古代人那种悠闲的生活方式呢？诗意就隐藏在日常生活的角落里。只要耐心去寻，就一定会有所收获。

　　"牧归"与"遐想"，这两件也是钟连盛结合传统意境与现代工艺的新成果。粗细不同的铜丝，打破了传统的工艺，这是康乾盛世的工匠们也不曾有过的大胆创新；略施釉彩的新工艺，更是丰富了传统题材的表现形式，精细、繁缛、粗犷、率直，不同的风格，可以表现在不同的器物上，表达不同的情感和意境，强

⊙ "四季平安"系列

烈的对比和衬托给予人全新的视觉冲击，使景泰蓝这项古老的工艺具备了全新的艺术品位。

　　这份美、这份享受，如何才能传递给更多的人？钟连盛再一次陷入了沉思。艺术之所以伟大，是因为它诞生于劳动人民的生活和汗水之中。取之于民，自然应当用之于民。将艺术回馈给广大群众，是钟连盛的毕生梦想，也是每一位艺术家的远大理想。

第四章　新生：飞入寻常百姓家的国宝

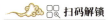

扫码解锁

◉群英颂歌 ◉薪火相传
◉守正创新 ◉奋斗底色

旧时王谢堂前燕，飞入寻常百姓家。

——唐·刘禹锡《乌衣巷》

总工艺美术师

为什么现在的北京市珐琅厂变得"小而精"了，这种变化又是从什么时候开始的？

事情还要追溯至20世纪90年代末，当时为了进一步促进经济活力，北京市采取了"抓大放小"的方针，主抓高科技行业，下放一批传统工艺美术手工业。北京工美集团有限责任公司如今面临解散的危机，原先直属的各企业现在归各区属地管理。北京市珐琅厂也受到政策调整的冲击，归了崇文区管理，在2002年改制为北京市珐琅厂有限责任公司。一时间，珐琅厂流失了500多人，剩下的员工总计700多人。一时间大家都为自己的未来，也为珐琅厂的未来感到担忧。

面对这样一次不小的变革，钟连盛至今还记得当时自己的心情，可谓五味杂陈。虽然珐琅厂流失了不少职工，部分用地也转让了出去，但是整个架构依旧没变，也就是说，珐琅厂的"灵魂"还在。也正是在这一年，钟连盛正式担任了珐琅厂的总工艺美术师。经历了这次改革，钟连盛坚信在企业领导的带领下，更广泛地寻求传统工艺和现代生活的融合，才能让"京珐牌"景泰蓝的辉煌延续下去。

"面对挫折，必须有越挫越勇的精神。"钟连盛鼓励留下来的同事们，"想当年，景泰蓝行业只剩下了几家小作坊，流传了数百年的技艺几近失传。那么多困难，老一辈人还是挺过来了。如今我们也要有这种精神，克服眼前这道难关。"感受到钟连盛这位老京珐人、如今的总工艺美术师的决心与信心，大家安心了不少。不过，眼前的困难还是要尽早解决。

身为总工艺美术师，钟连盛选择了"审美生活化"的道路。传统的景泰蓝作品，只作为室内众多摆件的一部分，本质上是一种装饰器物。但是，景泰蓝工艺的延展由于其材料和工艺的特点可以更加广泛，比如用于室内大规模的墙壁装饰，甚至用于室外的大规模景观装饰。这种用途上的拓展，能够使景泰蓝工艺得到大规模的应用，同时也能为珐琅厂创收增效。要大规模地运用景泰蓝工艺，就必须解决传统工艺中的诸多痛点，完善更加精细的工艺环节。

方向有了，工艺的问题又该如何解决呢？钟连盛这天回到家里，坐在餐桌前思考着。他反复梳理着景泰蓝的每一种材料，每

⊙ 办公室里的钟连盛

一道工序中详尽的细节、过程，寻找可发挥、可延展的环节。

钟连盛的想法最终得以实现，通过创新与实践，他的"荷梦"与"四季平安"系列大获成功。现在，钟连盛决定继续前进，他不仅要突破传统，而且要突破自我，让景泰蓝工艺中所有美的元素，都大胆"出走"，展现在世人面前。正如钟连盛事后向大家说起那段实践的感想时所说："很多东西，如果你连想都不敢想，总是说以前没做过，不保险，那就永远迈不出创新的一步。"

现代生活需求

这天，钟连盛一边翻看吉祥纹样图册，一边思考着关于传统与现代的关系问题。其实，对于这些沿用多年的老纹样，他早已烂熟于心。他此时此刻是在思考如何以现代设计理念来重新诠释，从而赢得当代市场和当代审美的广泛认可。

钟连盛这时突然想起当初自己的老师讲过的一番话，"无论是传统的纹样还是现代的题材，归根结底，还是用一个完整的设计思路去贯穿它们"。正如手中的这张"马上封侯"的纹样，它和"十全十美"等图案都是人民群众喜闻乐见的经典题材，寓意着升迁或是吉祥如意。这类题材同那些经典艺术品中反复出现的

"致敬"古人的要素一样，但可以通过设计加以转化，让当代人也能更好地接受和喜爱。

青铜器也好，瓷器也罢，都有着非常成熟的器型种类与设计图案可供借鉴。因此，每一次在设计新器型的过程中，总是能够体会到一种厚重的历史感。从纹样上来看，传统花鸟、敦煌艺术图案，或是现代的装饰纹样，可以形成多元的新颖的设计风格和效果。

然而，当下面临的主要问题，是如何设计出符合当代人审美的一系列作品，这就需要为景泰蓝设置更加多元化的主题。有些器物，只需要通过景泰蓝工艺本身的材质及色泽就能得到人们的认可，有一些则需要结合传统的民俗元素，还有一些传统的题材可以通过改造转化为当代的新题材，将各种元素找到与自己情感表达和思想理念的碰撞融合的临界点，推陈出新、革故鼎新，这不就是创新的基本理念吗？钟连盛如此想到。

钟连盛仔细端详着办公室摆放的一件件景泰蓝作品，陷入了沉思。一件成功的艺术品，除了创意和思想情感的表达，还要在哪些方面能够给予人们美的感受呢？从整个工艺上来说，形、纹、色、光，每一样都很重要。

形，代表着优雅的造型，当人们第一眼望见它时，最先感觉到的就是这一元素。因此，造型上的设计至关重要，每个细小的弧度，每一道装饰线的宽窄，都要反复推敲，马虎不得。

纹，代表着古老的工艺，那些优雅的装饰性花纹，都是由掐丝这道工艺决定的。因此，在构图上的章法，花鸟鱼虫、装饰图案形象的传神，线条的流畅，都是铜丝来表现的。

色，代表着视觉的审美体验，釉色是否过渡得自然，调制得是否鲜亮、优雅高级，层次表现的是否错落有致、丰而不乱，都是一名合格点蓝技师的艺术修养和在长期工艺实践中慢慢积累的。

光，代表着器物打磨工艺的成熟度，光泽的展现需要成熟的打磨与镀金工艺，器物的表面不能留有瑕疵，镀金的成色也必须纯正。

这四种要素，只有样样俱到，才符合人们的审美心理。无论是古代的帝王将相，还是今日的寻常百姓，人人都有感受美的能力，人人都有享受美的资格。只要在这四个维度上下足功夫，就不愁得不到市场的认可。

但高仿的宫廷景泰蓝，能否得到市场的认可呢？这也是钟连盛考虑的问题之一。经过认真权衡，钟连盛觉得最大的障碍是这些高仿的宫廷器物，金工錾活多且非常精细，肯定会受到收藏人士的喜爱，但因所需的制造成本高昂，售价相对较高，购买者也许不会过多。归根结底，景泰蓝要想在当代人的生活中留有一席之地，就应当考虑到人们的日常生活需要，还要考虑制造时的经济成本与市场售价，同时紧密关注大众的审美取向。

⊙ 钟连盛在工作中

东方"包豪斯"

所谓"包豪斯"，是指 1919 年一批德国先锋艺术家提出的一种设计思想，也指当时一家新成立的艺术学院的办学理念。创办学院的第一任校长，其口号就是"艺术与技术的新统一"。当时的一批年轻艺术家，主张将艺术与手工艺的重点放在各种日常生活必需品的设计上。可以说，包豪斯的设计观念对现代工业设计领域产生了极为深刻的影响，推动了现代设计由理想主义逐渐转向现实主义。

如今，北京市珐琅厂正需要现实主义的设计思想作为指引，方能打破目前的局面。既然要走现实主义的美学路线，就必须考虑到人民群众的审美喜好与消费能力。

"我们还可以在哪些日常生活用品上使用景泰蓝技艺呢？大家有没有好的想法？"这天，钟连盛在休息时间询问厂内职工们的意见。

"我觉得用在台灯上不错，"一位老员工立即回应道，"毕竟家家户户谁不用台灯嘛！"

"我认为像纸巾盒或是礼品盒也不错，可以考虑考虑。"一位刚进厂的新职工回答道。

一时间，职工们纷纷提出自己的看法。

钟连盛仔细听取了大家的意见，用笔记下了这些宝贵的想法。

于是，在全体设计人员的努力下，集合了群众智慧的一系列针对普通受众审美喜好的景泰蓝产品，终于被设计出来了。这些产品制造的成本相对较低，因此，其售价不会让消费者望而却步。虽然售价上低于以往的产品，却在质量上件件都有保障。

"'京珐牌'可是我们厂的金字招牌，不能因为降低了生产成本就降低对自己的严格要求。"钟连盛时刻叮嘱自己，必须谨记老一辈人的教导。

"怎么样，咱们厂设计的产品就是不一般！"

"太美了，看得我也想买一些回去送给朋友。"

"要是等我结婚时，有人送我这么漂亮的礼物该有多好啊！"

当钟连盛负责设计开发的这些产品，被厂里的工人们制作出来时，大家不禁纷纷感叹道，原来景泰蓝的工艺还有这么多的用途！这些符合当代人的审美情趣与实际需求的日常用品，包括人际交往中的"系列礼品"与日常家居中的"生活用品"。景泰蓝的工艺终于从传统的器物上更加丰富了，在钟连盛的设计方案里，从台灯到纸巾盒、茶叶罐、笔筒都可以融入景泰蓝元素，都可以用新工艺加以点缀。包括《江山永固》《故宫饰物》《北海九龙壁》

⊙ 钟连盛在创作中

《明城墙遗址》在内的一系列文创产品，一投入旅游市场，就广受来自全国各地的游客们欢迎。当游客们回到自己的家乡，也就相当于将景泰蓝产品传播了出去。

"最近，我们厂产品的销量提升了不少。大家要加把劲儿，继续努力！"厂里的领导在会议上向大家报告了这则喜讯。听到这个消息，钟连盛内心的紧迫感才稍稍有些放松，每位京珐人都因此舒了一口气。

不过，更加令钟连盛感到振奋的是，近些年国家的很多外事活动经常将景泰蓝作为国礼，赠送给来自世界各地的友人们。这也说明如今景泰蓝越来越得到世界各国人民的认可，以至于一提起景泰蓝，人们就会联想起中国这个神秘而古老的东方古国。不得不说，景泰蓝如今已经成为中国走向世界的一张绝佳"名片"。现在，北京市珐琅厂职工们的主要任务就是打造好这张名片。对于钟连盛来说，这张"名片"的设计是自己的主要任务，必须认真对待。

想当年，在钱美华、常沙娜、孙君莲等老一代艺术家的努力下，景泰蓝台灯、烟具套盒等产品被纷纷被设计出来，它们不仅融入了诸多景泰蓝传统样式，还结合了敦煌壁画、北魏藻井、隋唐装饰的许多元素，在新中国成立后的国际交往中扮演着重要角色。这些作品不仅色泽温润、色彩鲜明，而且风格精美、华贵典雅。

如今，当代的珐琅厂大师们与钟连盛接过了老一辈设计师们留下来的传统，继续将景泰蓝工艺与各种日常生活用品、礼品、旅游纪念品广泛结合起来。曾经专供皇室贵族使用的景泰蓝珍品，如今我们每个人都有机会去欣赏和购买。这真是一项了不起的成就可谓"旧时王谢堂前燕，飞入寻常百姓家"。

第五章　花开富贵：
当传统工艺融入现代建筑

扫码解锁

◎群英颂歌 ◎薪火相传
◎守正创新 ◎奋斗底色

花水悠悠两无意，因风吹落偶相依。

——唐·白居易《狐泉店前作》

叶圣陶先生与景泰蓝

1955年，叶圣陶先生在参观完北京市手工业公司的实验工厂后，被景泰蓝工艺的美轮美奂与工人们的工作热情所打动，写下了那篇家喻户晓的《景泰蓝的制作》。当年读过课文的少年们如今有不少已经事业有成，而景泰蓝工艺的魅力却始终令他们难以忘怀。

2004年，当时钟连盛所在的北京市珐琅厂接到了一项特别的任务：用景泰蓝技艺建造一个广场上的大型喷水池。这个任务可不一般，以往的订单通常是小件器物，而将景泰蓝技艺与现代建筑装饰相结合，对于北京市珐琅厂来说还是第一次。这一想法是如何产生的呢？原来，这个创意出自昆泰嘉华酒店总体设计的北京建筑设计研究院五所所长刘明俊。

刘所长找到珐琅厂与钟连盛沟通，说他小时候学习过叶圣陶的文章《景泰蓝的制作》，对景泰蓝的工艺和特点印象很深，所以希望能给新建成的昆泰嘉华酒店添加一些"新元素"。比如酒店门前广场上的喷水池，如果能用景泰蓝工艺来实现，必然能够为整个酒店的设计增光添彩。

钟连盛从刘所长那里接到了整个酒店前广场的平面图，经过双方的商定，最终确定了景泰蓝喷水池的基本样式：整个设计一共占地将近60平方米，由4部分组成。4个部分从空中俯瞰正好构成了一把钥匙，钥匙把呈圆形，与普通的喷泉设计看似没有什么不同，但如果从"整把钥匙"的角度来看，却呈现出惊艳无比的效果。因为3块长方形的小水池正好构成了最重要的"钥匙头"部分，这3块小水池也是整个设计中最重要的部分。每个水池的外面一圈锻铜装饰盆沿，携带着"百花盛开"图案的景泰蓝镶嵌在里面，从总体上看，恰似一把精致的金钥匙。3块小水池的高度适中，入住酒店的旅客稍一弯腰，就能刚好接触到盆中喷涌而出的清冽水柱。

"这次我们可碰上难题了。"

钟连盛回忆说，在刚刚接到这个项目的时候，他的内心不免有些紧张。毕竟以往的器物都是小型的，这一回设计的却是由数个喷水池构成的大型景观。

最终钟连盛还是暗下决心，他认为景泰蓝要想发展，必须先由设计师迈出这最关键的第一步，必须勇于尝试。接受委托的钟连盛，赶到酒店附近考察整体布局。只见整个酒店建筑的外墙都是由暖色调的大理石组成的，夜晚来临时，总是能够给人一种宾至如归的温馨感。一连几天的观察给了钟连盛不少灵感，水池的设计必须考虑酒店的整体风格布局，同时要给予入住客人一个美好的印象，因为前来的客人对酒店的第一印象一定是整体的直观印象，不能脱离这个整体风格，否则会导致喷水池与酒店建筑的不协调。

之后的几天，根据酒店外观的材质、色彩和风格，钟连盛设计了5版草图，其中有相对传统风格的，也有比较现代的。他望着这5份风格不同的草图，每一份都凝聚着他的心血。但是，最终能付诸实现的，只能是最优秀的一幅。

他再次陷入深思。传统的缠枝莲，花样繁复，肯定不适合用于陪衬现代化建筑，考虑到整个喷水池的体积庞大，与以往的小件器物完全不同，过于琐碎的设计会破坏美感。另外，缠枝莲的纹样通常掐丝太细，而喷水池不能像工艺品那样供游客拿在手中把玩，只能从较近处或远处旁观，唯一互动的机会就是游客接触水池中的水柱。

经过反复权衡和考量，钟连盛最终定稿了一份《花开富贵》方案。只见整把钥匙由花团锦簇的各部分水池组成，无数鲜花争奇斗艳，炽热的红、华贵的紫、热烈的黄、陪衬的绿围绕着正中央的喷水孔，传统而又不失新颖，鲜艳而又不失典雅。

另一个更具创新性和现代元素的方案是《生命的旋律》，这也是昆泰嘉华酒店的设计师更为倾心的一套方案。它的灵感来源也颇具诗意氛围：一次钟连盛一边乘坐公交车，一边望向路边的风景。绿色的灌木丛经由车窗玻璃映入钟连盛的眼帘，只见形态各异而又灵动活泼的灌木丛像一群活泼的孩子，时聚时散，在路边的绿化带里自由地奔跑着。倘若此时将这一幕想象成电影里的场景，作为导演的钟连盛一定会选择为其配上一首"生命的旋律"。于是，钟连盛这次选择以视觉的方式，将这处灵感呈现给人们：从空中俯视，大小不同的花丛聚散得体，地纹就是水的流动，上面飘着叶子，有大有小，有聚有散，顺水势流动，富有活力。四散开来的波纹从空中俯瞰，宛如夏日里荷塘水面荡开的涟漪。

攻克道道难关

抉择的时刻到了。刘明俊所长倾向于《花开富贵》这个方案，他觉得这一版方案比较稳妥，而且和建筑的主题相契合。很快，方案定了下来，真正的难题这才浮出水面：像这种景泰蓝技术大规模运用于室外场所，是过去从来没有做过的。这一次，没有现成的经验可供借鉴，完全是突破性的工程。如果要进一步考虑设计与工艺之间的关系，那么体积控制在什么范围是第一要紧的事。考虑到当时珐琅厂最大的炉子，也只能烧制1.1米以内的器物，整个设计方案必须从细节上再进行规划。要知道，景泰蓝这

⊙ 景泰蓝制作工序之———掐丝

门技艺从打胎到最终成品出炉，中间要经历数道工序，几次入炉，每一件器物的每次入炉，都要经历七八百度的烈火考验。因此，胎体和釉料的膨胀与收缩，必须保持一致，哪怕只是一处小小的失误，都会破坏最终成品的效果。比如点蓝某块烧制多了两遍，会导致最后的成品超出设计的尺寸。这还只是最微不足道的，再比如釉料和铜的伸缩，出炉后釉料比铜胎先冷却，就会出现铜胎无法收缩回去的问题，因此两者必须尽最大可能保持一致。这些难题必须在工艺操作中一一解决。

不过，钟连盛更为担心的是出于对室外建筑布局方面的具体考量，水池土建工程、景泰蓝工程以及锻铜工程由于工期紧张是同步进行的，因此几个工程之间的相互配合，也是设计方案能否完美实现的重要因素。这意味着当景泰蓝正处于烧制的过程中时，另外两个工程也已经开工，每个部分都必须严格按照事先设定好的尺寸进行加工，稍有误差就会出现无法配套的情况，这就非常考验师傅们的技术和经验。

大家立即召开小组会议进行讨论，对核心难题进行一一研讨攻关。他将整个设计细分成不同的部分，每两个部分之间都要求严丝合缝地嵌套在一起，既要保证艺术效果，也要确保现有的技术达到设计方案的工艺要求。仅仅一个近20平方米的"钥匙把"的部分，钟连盛都反复考量，反复修改。草图在桌子上渐渐堆起，钟连盛的思路变得愈加清晰。用方块垒砌？不行，这样整体效果太过生硬，不能展现出花团锦簇的灵动之美。按照理想的思路，团状的花丛才是最美的，所以钟连盛在最中间的部分加了一个最简单的几何图案——圆。这个直径大约为100厘米的圆，倘若周围配以50厘米的圆又会呈现出怎样的效果？也不行，这样做显得太"秩序井然"了。于是，钟连盛在其中加入了放射线，形成许多小团块，再将每块的对角尺寸控制在100厘米以内。一个富有生命力的设计逐渐出炉，最终由85块大小不同的构件组成的喷水池呈现在钟连盛的电脑中，为了让整个场景紧紧抓住每一位参观者的眼球，钟连盛又在色彩效果上加入了追光效果，让层层叠叠的花团在光芒中绽放，在人工的设计下重现自然之美。亮暗相衬的每一部分，都巧妙而自然地契合整座酒店的主题。一幅花开富贵、花团锦簇的传统又具现代构成意味的装置设计，就这样诞生了。

"花到底应该多大，也是经过大家一起反复推敲的"，付出了不知多少汗水的钟连盛将功劳归于集体。钟连盛的第一个徒弟此时已经正式进厂入职，精于电脑设计的弟子在计算机中，将勾好的花卉纹样存入文件夹，然后在钟连盛的指导下，在屏幕上一块一块地反复拼接、测量尺寸。在工艺上，钟连盛亲自到场，和烧焊、制胎的技师反复研究。要知道，85块配件，每块都会产生伸缩，到底要缩多少才算合适？要预留几个厘米的胀量？钟连盛和师傅们的每一次实验都是为了确保最终成果的完美无瑕。为了防止景泰蓝的掐丝过细，在室外看不出什么效果，钟连盛经过精心的计算，认为花瓣要在30—35厘米，才能达到最佳视觉体验。掐丝的工人们选用了比平时更粗的丝，掰制花卉形象要准确传神，工人们的手掌都磨起了水泡。

点蓝的工序也不同以往，这是因为以前都是在器型上上釉色，工人点的都是小花，而这一次的任务面积是之前的数倍，花瓣的前后层次如何表现，怎样才能保持釉色的完整？调色需要调多少？倘若一次调少了、用完了颜色，再调制就会有色差了。

这道工序由北京市珐琅厂在河北的分厂完成，珐琅厂的技师要先烧小样，再去分厂指导监制，工作量非常大。

成功的大门已经敞开

钟连盛始终奔波在一线，即使再苦再累，也依旧保持着认真严谨的态度。这半年多的经历让钟连盛印象深刻，当时北京珐琅厂的衣福成总经理、陈继凯副总经理和刘令华副总工程师全部都投入到了工程之中。身为总工的他，更是时时亲临现场严格把控，他的心里始终记着——这是珐琅厂承接的第一个大型工程喷水池项目，是当时景泰蓝工艺里最大的一件作品，是一次前所未有的突破，是景泰蓝工艺的一次前所未有的创新，对北京市珐琅厂意义重大。

"一切都马虎不得。"领导们对在场的工作人员反复叮嘱道，"有问题要随时提出！"这句话不知重复了多少遍，即便如此，也不会觉得厌烦。因为这个项目关系着珐琅厂的名誉和前途。值得庆幸的是，最终的成品让总设计方和酒店方都很满意，直到这时，钟连盛心里的石头才算落地。由景泰蓝、灯光及喷泉系统工程相组合的喷水池规模庞大，气势宏伟，就好像巨大的宝石镶嵌在广场上，和整个建筑环境和谐地融为一体，形成一个新颖、瑰丽、灵动的视觉中心，在景泰蓝的设计应用领域、生产制作工艺、攻关环节及装饰艺术效果上，均有创新。

⊙ 《花开富贵》景泰蓝艺术喷水池

"大家看见酒店门口的那座喷水池了吗？"

"天哪，连喷水池也可以做得这么美！"

一时间，人们纷纷聚集在酒店的门前合影拍照，小孩子好奇地踮起脚尖，正在向着水池里观望，想知道里面有没有锦鲤在游呢！

这次成功的实践，不仅为企业赢得了巨大的经济和社会效益，也为传统工艺的创新发展开拓了通向未来的光明大道。即使在20年后的今天，当你来到这家酒店的门前，也一定会被这项历时半年多完成的杰作彻底打动，感叹传统的景泰蓝工艺也可以如此"新潮"。

"一次的成功就是为以后的成功打开了一道大门。"不知是哪位同事说道，不过他的话的确预测了北京市珐琅厂之后的接连几项任务。

在这之后的北京首都机场专机楼室内的景泰蓝装饰工程，更是出乎珐琅厂职工们的预料。不过，经历了喷水池的任务之后，大家参与这项重大工程时信心十足。这一次的项目，从总体设计上来看，是由九百余件景泰蓝饰品和不锈钢框架巧妙衔接而成的，主要向海内外贵宾展现中国景泰蓝艺术的风采，钟连盛和珐琅厂的员工们又顺利完成了这项任务，造就了景泰蓝艺术与室内装饰艺术完美结合的典型范例。

可以说每一次技术突破，都能为珐琅厂的开拓打开新的路，而反过来，每一次的任务的完成，都将景泰蓝工艺的水准推向一个全新的高度。此时此刻，钟连盛回望自己的学习、实践之路，依稀可见当初的来路：那是中国古代艺术的传承之路。

第六章　再现盛世：
　　　　　　一份来自故宫的重要委托

扫码解锁

◉群英颂歌 ◉薪火相传
◉守正创新 ◉奋斗底色

此曲只应天上有，人间能得几回闻。

——唐·杜甫《赠花卿》

一张照片带来的艰巨挑战

创新是为了迎接未来的挑战，而继承更是为了留住过去的技艺和根脉。今天的景泰蓝技艺要面向市场、面向当代人的需求，但与此同时，作为一名传承者和守卫者，追溯历史也是为了在通向未来的道路上坚定信念。

2005 年的一天，珐琅厂意外接到了一通来自故宫博物院的来电。原来，为了庆祝建院八十周年，故宫博物院准备举办一系列学术研讨会及展览活动，届时，来自世界各国和地区的学者、专家们将齐聚北京。为了向世人展现明清宫廷中的工艺珍品，故宫博物院联系了北京市珐琅厂，希望能够仿制元、明、清三代的 10 件景泰蓝工艺珍品供人们欣赏和研究。由米振雄、戴嘉林大师和钟连盛负责设计复原，钟连盛负责设计其中的 4 件：松竹梅纹出乾瓶、缠枝莲纹双耳樽、葫芦纹匜式炉和蕉叶纹兽耳瓶。

"一次就要仿制其中的 10 件？是真的吗？"

"千真万确，故宫博物院已经把照片发来了！"

"那些文物长什么样子的，快让我看看。"

松竹梅纹，顾名思义，即是由岁寒三友——翠竹、劲松和梅花三者组成，象征着君子宁折不弯、不畏艰险的美好品格。这三位"君子"在宋代文人画中便已经是常客了，至元、明、清三代更是衍生出了诸多精美的纹样。

缠枝莲的纹样则是景泰蓝的经典图案，其繁复典雅的设计常赢得世人的惊叹。是珐琅厂的职工们经常见到的，每一位师傅都亲手操作过，看起来难度不大，但它的金工錾刻非常精细，凸显

⊙ 钟连盛（左一）与钱美华、米振雄、戴嘉林大师

清代鼎盛时期皇家技艺的精湛工艺。

葫芦纹簋式炉，最初的式样来自商周时期的青铜簋，扁圆形的腹部两侧装饰着兽耳，古朴中又透露出来自不同年代的创新元素，是乾隆年间的经典景泰蓝工艺样式。

蕉叶纹兽耳瓶，从整体上看更具商周时期的特色，其工艺则是明清时期的。蕉叶纹与兽面纹的组合，让整件器物显得有些古朴，不会给人一种上古时期的狞厉之美，而是更加生活化了。

4件珍品，件件都是造型复杂严谨，金工錾饰丰富，掐丝工艺精细，技艺含量高，复制难度相当大，故宫博物院方面提供的参考仅为一张照片，这就非常考验设计者和制作者的水平。

仿制景泰蓝，用钟连盛的话来说，看似简单，却处处充满了规矩。器型、纹样、釉色必须一模一样，容不得半点自由发挥。而且，要想展现器物原本的风格，就必须尽力复原出与其制作时期的技艺水平来，这些技术难题都是需要攻克的对象。比如葫芦纹簋式炉是乾隆时期的器物，其色彩与风格都具有一种典型的乾隆时代的审美倾向，设计者就要认真钻研那个时代的器物并摸清其中的规律。乾隆时期的景泰蓝工艺在各个方面都已经非常成熟了，当时的宫廷也受到西方审美的影响，花纹相比于元、明两代复杂、精细得多。钟连盛注意到那件双耳樽上"钮"的部分直径在5厘米左右，却錾刻着极为精细的二龙戏珠纹。这些都令钟连盛感叹古人在工艺方面的成就并不比今天差。

⊙ 2011年，钟连盛（左三）在指导艺徒掐丝

"只有这一张照片吗？"

"对呀，只有这一张，剩下的只能靠我们自己了。"

"可是从上面、背面看是什么效果，我们怎么知道呢？"

因为故宫博物院文物管理极其严格，只能提供相应的资料图片，且只有一张正面图，而复制古代器物不能只依凭设计者的个人想象，所以方方面面都需要设计者想办法、拿主意。要复制完整的原件，就必须考虑到器物的背面、侧面、底部整体的装饰，这些都是现有的资料不能提供的。比如双耳樽上二龙戏珠纹，钟连盛通过查阅资料、翻阅书籍，对乾隆时代的龙纹特点进行了详尽的归纳。首先，龙的形象必须展现出盛世的气象，龙纹本身必须尽可能饱满、流畅，将皇家的威严展示出来。

鋬活工艺的复现则依靠现有的其他器物相关资料，需要了解当时工艺的一般水准，再结合这件器物的具体特征，才能大致推测出其中的细节。钟连盛一边研究翻看现有的资料，一边推测和记录，渐渐有了复原的清晰思路。乾隆时代的龙将它神秘的面纱揭露开来，展示在钟连盛的眼前：不似前代龙的形象是整体的，这一时期的龙在鼻子和眉毛等细节上活灵活现，又不乏神秘威严的一面。须发充满着立体感，装饰的图案更加繁缛华丽，每个细节都流畅灵动。商周时期的古拙、汉唐时代的端庄、宋元时期的典雅，都要在这4件器物上一一复现，可以说故宫博物院的这几件委托任务，是集各时期中华传统艺术美的典范于一身，是精品中的精品，是佳作中的佳作。

沉迷于传统技艺的时光

接到任务后不久，钟连盛就展开了自己的研究和复原工作。这些来自几百年前匠人们的精心设计，也值得今天手工艺者学习和借鉴，器型上各个装饰带、配饰、樽足的比例、节奏感，都有着精妙的设计。

"还在研究那张照片呀，饭都要凉啦！"家人的一句提醒，打断了钟连盛的思考。他不情愿地放下手中的照片，意识到仅凭这一张照片就想复原百年前的珍品，是一项几乎不可能完成的任务。于是，他收好手中的照片，放进身边的文件袋里，急匆匆地穿上大衣，打算前往最近的图书馆去查阅相关资料。

外面正淅淅沥沥地下着小雨。不过对于钟连盛来说，他所关心的只有一件事情，那就是从历史的角度出发，回到这件器物被制造出来的那个年代。望着车窗外的景象，钟连盛不禁展开了联想，那时的北京，还没有今天这样多的高楼大厦，但街道上想必已经是一番车水马龙的景象。康乾时期，是中西文化艺术交流的重要时期，外国传教士对中国皇家宫廷审美的影响是显而易见的。这一点，仅从现存的圆明园建筑遗址中就足以观察出来。洛可可艺术风格的奢华富丽，很受东西方皇家贵族的喜爱。这个时期，皇家珐琅器的生产也以繁缛的錾铜、镀金与景泰蓝工艺的结合为特色。比如，那件掐丝珐琅缠枝莲纹双耳樽，其上的缠枝莲装饰，虽基本上还是延续着明代单线掐丝的处理方式，由沉稳富有整体感的蓝色衬托着精致细腻的多处金工装饰，但在主体花纹的图案处理上却比前代更加细腻，这也是这件器物独有的时代工艺特色。

"这位乘客，"售票员向陷入沉思的钟连盛提醒道，"我们马上就要到终点站了，可千万不要错过站点了呀！"

"哎呀，不好意思，我们现在到哪里了？"

钟连盛这才反应过来，自己现在所处的位置早已远离要去的图书馆了。不过一想起那件"蕉叶纹兽耳瓶"的样子，钟连盛马上又沉浸自己的世界。可以说，这件器物从整体器形，再到掐丝的图案装饰，看起来都不复杂。器型采取的是青铜器的造型，非常简洁；花纹也是青铜器的兽面虎头纹。但是，仔细一回想，那上面的金属丝非常细，这对现在的掐丝工艺是一个挑战。现在掐丝工艺能掐出的最细的丝，一般是采取1毫米的间隔，而这件兽耳瓶上的拐子纹中间的空隙非常小，大约也就1/3毫米，用常用的镊子根本无法操作。一些传统工艺随着宫廷里的老艺人的故去也已失传。除非……对了，就这样办！

虽然这天钟连盛回到家后，才想起来要去图书馆的事，不过脑中的思路已经清晰，那些事情就不重要了。第二天一早，钟连盛一到厂里，就安排同事去寻找那些经验丰富的退休老艺人。在和他们深入研讨、分析、试验之后，最终大家复制出了一种已经多年不用的老镊子来掐丝，才得以完成兽耳瓶原件上的效果。

钟连盛认为，复原这些明清时期的珍品，为今人学习认识景泰蓝的传统工艺提供了很好的机会。复原的设计环节是深入学习传统装饰纹样的过程，工艺的恢复也是继承传统技法的良好途径。景泰蓝的制作工艺本身没有什么秘密可言，设计、制胎、掐丝、点蓝、烧蓝、打磨、抛光、镀金，严格按照工序进行，就可以制作出景泰蓝。但是，要想创作设计和制作出艺术水平、技艺含量高的景泰蓝，尤其是国宝级别的景泰蓝精品，每道工序都要精心设计，谨慎进行。明清时期，御用监和造办处均在北京设有专为皇家服务的珐琅作坊制作景泰蓝，皇室的画师，国外来的传教士参与创作，作品艺术水平更高。同时，无论是在材料的选择上，还是在工艺的精细程度上，要求也非常高，更重要的是匠人要拥有一颗匠心，这是极品的景泰蓝制作必不可少的条件。但是，明清时期的中国毕竟还没有正式迈入工业化时期，当时的工匠和设计师不可能像今天一样接触到如此丰富的美学知识，因此，工艺上难免还是受到时代的限制，某些工艺不如现代的细腻和精致，存在器物上的砂眼很多、釉料颜色少、润色处理比较单一等等问题。但即使是这些"瑕疵"，在复原时也必须一丝不苟地遵照历史，遵照前人的工艺进行，这样才能为今天的研究提供有益的借鉴。

⊙ 2006年，钟连盛被授予"中国工艺美术大师"荣誉称号

从宫廷艺术到民间技艺

钟连盛主导设计的这批复刻的景泰蓝，用他自己的话来说，就是力求要完全复原明清宫廷景泰蓝制作的最高技艺，被誉为火里取财的景泰蓝，件件都要经过多次烧制。其中掐丝要烧焊 2 次，点蓝要烧 3–4 次，磨光要烧 2 次，烧制的温度均严格控制在 600 度至 800 度。烧制过程中稍有不慎，就会前功尽弃。所幸从最终的成品来看，最后都得到了故宫博物院专家的高度认可。如今，在互联网上，人们还能搜到关于那时展出的照片。这次来自故宫委托的项目得以顺利完成，极大地增强了珐琅厂职工们的信心。而由钟连盛主持设计的第一个昆泰嘉华酒店景泰蓝喷水池的成功，可以说为北京市珐琅厂后来的景泰蓝与现代建筑装饰结合的工程奠定了基础。完成来自故宫博物院的委托任务以后，钟连盛他们又陆陆续续地承接了一些大型的室内外建筑工程项目。

2006 年，在衣福成总经理的领导下，钟连盛和副总工程师刘令华为新加坡佛牙寺深化设计并监制了巨型《景泰蓝转经轮》。转经轮高 3.21 米、直径 2.15 米，中心立柱和整体骨架为不锈钢结构，外层筒壁为景泰蓝工艺，尽管整体重量达到了约 2.5 吨，但设计巧

⊙ 《绿色家园》喷水池

妙，使受众可以轻松地转动、诵经。这是景泰蓝工艺与钢结构相结合的作品，为今后的混合材质作品设计提供了可行示范。由于经筒巨大，受景泰蓝工艺的限制，制作过程中需将其分解为5层，共分割成30片，历经10余次过火，为确保其尺寸精确及形态完整，还需要同机械工程中不锈钢加工的精密结构衔接，因此，这项工程无论在景泰蓝还是机械结构的设计、制作、加工及二者的衔接上都是一个巨大挑战。

当整个工程竣工以后，时任新加坡总统塞拉潘纳丹亲自参加了开幕典礼。

"快看，转轮藏动起来了！"

"居然一个人就能推动，太不可思议了！"

现场的各国游客纷纷感叹。

同年，钟连盛获得了国家发展和改革委、文化部、工信部等部门委授予的"中国工艺美术大师"荣誉称号和北京市工业促进局授予的"北京特级工艺美术大师"称号；3月，北京市委、市政府授予钟连盛"有突出贡献的高技能人才"称号；次年4月，钟连

⊙　2006年，钟连盛（右一）与新加坡佛牙寺法照大师交流

盛被国家知识产权局聘请为"中国知识产权文化大使"并作为奥运火炬手，参加了北京中轴线的奥运圣火传递；2010年4月，钟连盛获得"全国劳动模范"荣誉称号。面对纷至沓来的荣誉与数不清的称号，钟连盛只是让这些喜悦静静沉睡在心底。此时此刻，他心中最重要的，还是北京市珐琅厂的工作与眼下的任务。

2008年，北京市珐琅厂应中华民族艺术珍品馆的委托，由钟连盛带头设计制作了大型室外景泰蓝喷水池——《生命的旋律》。这处采用了景泰蓝工艺的喷泉景观，以三叠喷池形式构成，长20米，最宽处10米，总面积80平方米。喷水池以传统的中国红色和象征着生命和希望的绿色为总基调，以争奇斗艳的花卉、郁郁葱葱的林木为题材，采用抽象的现代艺术形式和风格，通过色调由绿渐黄再到红的渐变，表现了根深叶茂的林木在连绵清冽的甘泉滋润下，积蓄、孕育、绽放的辉煌生命过程。赏心悦目的线条、和谐绚丽的色彩，贯穿其中飞舞的树叶，宛如在游人心灵间跳动的音符，构成了一曲悠扬、轻缓的生命乐曲。作品不仅寓意着自然生命的勃勃生机，也寓意着底蕴浓厚的中国传统工艺美术在源远流长的历史长河中不断传承和繁荣。

"这一次的项目，是受到了上回的启发吗？"

"没想到《生命的旋律》效果这么好，比设计稿中的样子还要漂亮！"

2011年10月，北京市珐琅厂完成了江苏省华西村龙希国际大酒店由钟连盛主创的《聚宝盆》和《福禄万代》两件大型景泰蓝艺术精品工程。《聚宝盆》自基座算起通高 1.46 米，景泰蓝主体直径 1.52 米、净高 0.93 米，外展宽度达 1.8 米，是北京市珐琅厂历史上单件作品中整体制作烧制的直径最大、体积最大、重量最大、工艺最为复杂的作品。钟连盛为其底足设计了民间喜闻乐见的四尊卧象，寓意四方太平。盆内的荷花丛中，赫然升起的绿色荷叶造型之上，三只栩栩如生的金蟾口衔铜钱，构成整件作品的中心和制高点，与金盆内錾刻的缠枝莲一起，体现了四方纳财、财运连连的美好祝愿。

作品中横亘两侧的双象头耳取义"太平有象"，盆身主体四周福禄寿喜四个开光图案与勾莲牡丹纹饰交相辉映、吉祥热烈，中心主喷泉和 6 个荷花错落循环喷水更增添了作品的灵动。作品将多种传统技艺与现代装饰艺术及加工工艺结合，设计新颖，技艺精湛，艺术效果丰富多彩，以新的设计理念为引领，把传统文化与当代审美取向进行完美融合，充分展现出以钟连盛为代表的"京珐人"通过集体智慧和辛勤劳动，对景泰蓝技艺的完美继承，在设计制作的过程中，钟连盛和他的团队实施了多项技术的创新，赋予传统题材新的生命力。

这份生命力是如此动人，怎么才能将这份生命力传递给世界各地的人们？眼下，一个新的机遇即将到来，钟连盛和他的团队又将面临怎样的挑战？北京市珐琅厂又能否顺利完成此次的任务呢？

⊙ 上图 直径180厘米的《聚宝盆》
　（钟连盛、米振雄、李静合作）

⊙ 右图 180厘米高的大型景泰蓝作
　品《福禄万代》（钟连盛、李静
　合作）

第七章　惊艳世界：
APEC 会议上的京珐牌

扫码解锁

◉群英颂歌 ◉薪火相传
◉守正创新 ◉奋斗底色

十年窗下无人问，一举成名天下知。

——元·高明《琵琶记》

"京珐牌"的实力

2013年底，钟连盛所在的北京市珐琅厂又接到了一项重大工程项目：为将于2014年11月在北京雁栖湖召开的亚太经合组织第二十二次领导人非正式会议创作景泰蓝风格的装饰。

钟连盛这天正和同事们一起聚在会议室里，商讨设计整个工程的方案。"这次工程，不仅是一项重大的商业项目，更是一项重大的政治任务。办得好，可以将景泰蓝工艺的魅力展现给各国来宾；办得不好，就要危及我们厂长久以来的名声。"衣福成总经理的一番话，让在场的同事们表情都格外严肃。钟连盛仔细观察效果演示图上整个会议厅内的装饰，只见整套方案由18个大型斗拱和48个小型斗拱组成，根据文字部分介绍，加上墙壁装饰总计要450多件景泰蓝配件。大家意识到此次任务的确非同小可。

钟连盛快速思考着，在这次任务中的各种景泰蓝配件中，大斗拱是重中之重。这是因为以往的景泰蓝器物大多是以圆形和曲线的风格为主，而此次的斗拱无论大小都是方的。另一方面，传统的斗拱都是木结构的，而在这次的项目中，需要通过景泰蓝工艺来仿制木结构的传统建筑配件，这就对构件的外表、结构、组装带来特别高的要求，这可是谁也没有做过的。不过，眼下这些还不是最棘手的，最要紧的制作工艺是烧制。这是因为以往的景泰蓝器物都是圆形的，放进炉中烧可以保证伸缩一致，但是如果是方形的结构就要复杂得多，如果伸缩不一致，就会导致斗拱的角部开裂，必须全厂上下全力协作。

"这次的任务意义重大，我们必须竭尽全力去完成好，这样才能在全世界面前展现我们作为东道主的用心，才能展现出东方古国传统技艺的底蕴和魅力。"在会议上轮到钟连盛发言时，他这样向大家表明自己的心声。

会议结束后，钟连盛第一时间联系了接下来需要一起合作的技师们。"我们大家可要齐心协力，共同完成好此次任务，为这次在北京举办的 APEC 会议添砖加瓦呀。"钟连盛特别叮嘱着。任务一开始，根据分工由李静大师对方案的每个部分进行深化设计；副总工程师刘令华则负责从分体结构到总体安装的方案设计与实施，由董事长衣福成和钟连盛担任领导小组正副组长。此后几个月的时间里，他们反复在各个环节上与技师们一起讨论、交流到废寝忘食。

钟连盛与兄弟单位的同事们一起密切合作，自始至终都是在沟通中合作，在合作中沟通。每个单位之间都密切配合、协同攻关，

⊙ 景泰蓝的烧制工序被誉为"火中取财"，非常关键

大家都将会议厅的装饰视作中国传统技艺展示的舞台，因此，每一位项目的参与者都拿出极大的热情来，尽力做到最佳。从与总设计方的深入沟通，到设计环节的反复推敲，整个方案经历数十次从设计、推翻到重新设计的过程，直至每个纹样最终都获得大家一致认可才算正式完成。各工艺的技师们都仿佛是最终的责任人，将国家的任务视作自己最重要的任务，他们反复打样比对、调整方案，在工艺、质量、工期上都进行了严格的质量管控和技术把关。最终，在全厂职工的齐心协力下，依靠集体的力量完成了这项前所未有的挑战。

东方古国的魅力

2014 年 11 月 11 日，钟连盛坐在电视机前，收看 APEC 会议的直播报道。随着时间的临近，钟连盛的心情逐渐变得激动起来，见证近一年辛勤努力成果的时刻就要到来了。当听到习近平总书记欢迎各国友人聚会北京雁栖湖畔的声音传来，钟连盛的内心与北京市珐琅厂的每一位职工一样，充满了喜悦与自豪。

"很高兴同大家聚会北京雁栖湖畔。首先，我谨对各位同事的到来，表示热烈的欢迎！"

听到习近平总书记的声音，钟连盛按捺不住内心的激动。

风翻白浪花千片，燕点青天字一行。

那会议室里与建筑融为一体的景泰蓝装饰，每一个细节都凝聚着景泰蓝制作者的智慧与汗水。无数个日夜的反复打磨，终于在这一刻，在全球媒体的面前呈现出来。正如亚太地区每一个国家、每一位成员那样，大家共同面对的是崭新的未来。背景里的景泰蓝装饰，代表着亚太地区广大人民辛勤劳动的成果，亚太国家必能在将来站在世界舞台的中央，赢得世人赞许的目光。

在北京市珐琅厂最大的会议室里，参与此次项目的同事们坐在一起共同总结心得。钟连盛向大家汇报说："整个工程进程中，在企业领导的指挥下，在全体技师共同研讨攻关下，我们妥善解决了涉及整体效果的难题，大斗拱橘红、橘黄、大红色彩在烧制过程中易发生色变的问题得到了解决；攻克了长方形、棱角转折多在制作中9遍入火、经800度高温烧制易变形的历史老大难问题；完美达成了在安装过程中景泰蓝与钢结构、木结构组合对于尺寸绝对精确的要求……总而言之，我们完满地完成了此次任务，也要感谢所有为此次项目付出的京珐人，正因为有了你们，京珐牌的实力才能获得世人的认可。"汇报结束，掌声雷动。此时此刻，在场的每一位参会者都按捺不住自己内心的激动。京珐人在此次工程中拓展、提升了景泰蓝的工艺技术的表现形式和应用领域，再一次彰显了"京珐牌"景泰蓝的艺术魅力和北京市珐琅厂的技术实

⊙ 北京雁栖湖畔APEC会场内集贤厅景泰蓝装饰

力。在场的每一位京珐人，都为自己的贡献感到自豪。

即使时隔多年，钟连盛依旧清晰地记得习近平总书记在日内瓦出席中国向联合国赠送《盛世欢歌》仪式上介绍景泰蓝作品《盛世欢歌》："它不仅展示了中华民族的悠久历史和当代文明，也体现着不同文明和文化交流互鉴、兼容并蓄、共同进步。"

要发展、传承好景泰蓝这门技艺，就要广泛吸取和借鉴各国文化中的宝贵经验。

说起文化交流，钟连盛和团队在 2017 年参加了埃及开罗"欢乐中国年"非遗展示宣传活动。开罗，位于埃及东北部的尼罗河三角洲，气魄宏伟。这座世界上最古老的城市之一，如今敞开她的胸怀，迎接来自古老东方的传统技艺。现场来自世界各国的旅客们正拥挤在一起，一睹两大文明古国技艺交融的精彩瞬间。埃及女孩们身着民族服饰，在开罗文化中心书写着"福"字；青年人们对一件件中国风的景泰蓝器物赞不绝口，纷纷体验点蓝工艺，在展柜前拍照留念。这是文明的交融、智慧的集合。看着在场的年轻人沉浸于中国传统艺术的海洋中，钟连盛不禁感慨我们这个时代的人是多么幸运。同年 9 月，钟连盛又赴加拿大参加活动。远在北美的多伦多是一座现代化的西方都市，虽然与东方城市的风貌有很大的差异，但那里的人们对中国传统技艺的好奇心却非常旺盛。通过现场展示与互动交流，让北美人民近距离体验了中国非物质文化遗产的魅力。

⊙ 钟连盛荣获"2017中国非遗年度人物"

非遗传承人的定力

2017 年，在光明日报社与光明网联合主办的"中国非遗年度人物"评选活动中，钟连盛被推选为年度人物之一。

什么是"非遗人物"？非遗人物是能代表当前我国非遗保护发展成绩的标志性人物，他们无论是在业内还是社会上，都能产生广泛的示范性影响，引起空前的社会关注度。由于对传承和弘扬中华民族优秀文化具有导向性和示范性，每一年的非遗年度人物评选总是能引起社会各界的广泛关注。

钟连盛一直在关注非遗保护的新闻，毕竟景泰蓝作为一项拥有悠久历史的传统技艺，也是非遗保护的重点。作为景泰蓝行业里的众多工作者之一，钟连盛起初对获得这一荣誉感到意外和欣喜。待他激动的心逐渐平静下来，开始回忆自己这些年的从业经历。其实，北京市珐琅厂里的每一位职工，他们都是富有文化使命感和责任感的当代非遗传承人，他们的内心始终有一种责任意识，有一种家国情怀：让中华文化展现出永久魅力和时代风采。荣誉既是不朽的，也是转瞬即逝的。但是，景泰蓝这门珍贵技艺，将在大家共同的努力下永远散发光彩。只有将小我融入大我，才能让荣誉发挥应有的价值。这一份荣誉不仅仅属于钟连盛，更属于北京市珐琅厂里每一位尽心尽力的京珐人。

对于一位非遗传承人来说，什么才是最重要的？钟连盛望着报纸上的一幅幅领奖人照片，陷入了沉思。创新，一定是创新。大胆探索是我们这个时代的人们最需要的品质。只有大胆探索，结合时代的要求继续创新，才能让景泰蓝焕发生机与活力；只有致力于实现传统文化的创造性转化和创新性发展，那一幅幅缠枝莲的纹样才会继续将古典之美带给我们身边每一个人。钟连盛的面容上，不知不觉间浮现出了欣慰的笑容。他想起自己身边熟悉的同事，他们每个人，不正是最好的示范者吗？是的，获得荣誉的名额是有限的，但是"非遗传承人"的称号是属于每一位京珐人的。开展非遗保护工作，说起来仿佛是一件很大的事，其实北京市珐琅厂里的每个人都不知不觉间参与其中。钟连盛为年轻时坚持了爱好而感到欣慰：无论何时，坚持自己所热爱的，就是走在正确的人生道路上。自己对艺术的热爱，与对传统技术的钻研，成就了今日之我，这不就是将个性与共性有机结合的典型吗？将小我融入大我，不需要圣人一般的情怀，只要我们每个普通人都对传统文化和技艺多点关心，每个人都能成为非遗保护领域里最好的示范者。

钟连盛把目光集中在手中的报道上，仔细阅读报纸上每一位非遗传承人的事迹。他们有的是从大学里毕业的博士，专门在联合国教科文组织里从事非遗保护工作；有的是少数民族歌手，传唱本民族世代相传的动听民歌；有的是珠算教练，用一面算盘教会人们这门古老的算数方法……他们的工作有的光鲜，有的平凡，但都是行业里兢兢业业的工作者、普普通通的劳动人民中的一分子。他们每一位热情洋溢的笑容、积极进取的心态，正是非遗传承人日复一日、辛勤投入的最大动力。即使那些没有最终进入荣誉榜的候选人们，每一位都是伟大的——作为一名普通劳动者而伟大。传承，这个词语听起来很宏大，其实我们人人都可以做到。想到这里，钟连盛觉得应该为自己奋斗终身的这个行业再做一点什么，将这份精神传递下去。于是，一个新的主意逐渐浮现在他的脑海中。

第八章 非遗基地：
在中国景泰蓝艺术博物馆漫步

扫码解锁

⊙群英颂歌 ⊙薪火相传
⊙守正创新 ⊙奋斗底色

发五色之渥彩，光焰朗以景彰。

——汉·班固《西都赋》

"牛"起来的新时代

2018 年 3 月 28 日，这天清晨，天刚蒙蒙亮，许多人便聚集在北京市珐琅厂内一幢崭新的建筑前。大家正是为了一睹中国景泰蓝艺术博物馆的风采，更重要的是，听说今天还会有景泰蓝新品发布。"会是什么样子的呢？难不成真会打造成一头牛的样子？"大家七嘴八舌地讨论着，纷纷猜测即将亮相的"重磅来宾"。

伴随着清晨的第一缕阳光出现在地平线上，一件 40 厘米高的景泰蓝器物终于在馆内射光灯的照射下精彩亮相。红色的帘布渐渐撤去，人们屏住了呼吸，刚刚还热闹异常的场地瞬间鸦雀无声，所有人的目光都被这件精美的器物吸引过去：这真是一件端庄稳重、大气秀美的艺术珍品！作品以牛为主视觉元素，用巍巍青山塑不屈脊梁，潺潺流水画弯弯牛角，松梅为枝，牡丹、茉莉、玉兰等 12 色花系竞相绽放，披满壮硕牛身。两侧的象耳装饰仿佛使整件景泰蓝艺术品活了起来，似乎是这件作品的两只手，让整件器物看起来像一位正意气风发地站在那里的少年，接受人们的赞誉。不错，这象耳装饰有值得骄傲的资本，因为它象征着天下太平、寓意着万象更新。整件作品以气势如虹的牛为主要纹饰，正呼应了本次展览的主题——"牛"起来的新时代。

这场由北京市珐琅厂和荣会文化联合主办的"景泰蓝《中国牛瓶》新闻发布会"，正是为了庆祝改革开放40周年而举办的。同时，对于钟连盛和合作者李静大师来说，这一年也是特殊的一年——从艺40周年。40年的时光，赋予了这件器物不同往常的寓意和内涵。青山绿水与花团锦簇的画面，正围绕着牛首纹饰铺展开来，同时，钟连盛与李静用浪漫主义的创作手法分隔出富有韵

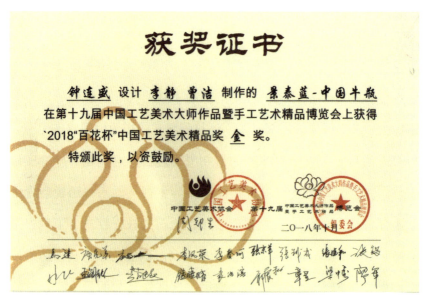

⊙《中国牛瓶》获奖证书

律、动感优美的装饰带。倘若你仔细观察和欣赏，一定会被器物颈部的龙凤纹饰所吸引，它们寓意着蛟龙出海与吉祥如意。清新、舒缓的色彩语言更是这件《中国牛瓶》的特色与亮点，由嫩绿、墨绿到金黄和深红的色彩渐变自然而完美，以四季更迭的主题描绘时间中生命的轮回历程。青山仿佛化作了牛脊和牛背，绿水化作挺立的牛角，寓意着中国人民在改革开放40年里，表现出的顽强不屈的民族精神。这件流光溢彩、极具现代感的艺术珍品吸引了在场的参观者，人们手持相机纷纷拍照，记录下这件精美器物在这一刻的惊艳瞬间。

发布会虽然结束了，但现场的人们却久久不愿散去。原来，大家在驻足参观馆内珍藏的诸多景泰蓝精品。这样一间容纳了众多精品、布置精美的博物馆，究竟是怎样建成的？事情还要从两年前说起。2016年，钟连盛在衣福成总经理的带领下参与并主持了"中国景泰蓝艺术博物馆"的规划设计工作。说起建馆的初衷，这也是北京市珐琅厂老员工们的共同心愿。随着这些年国家对历史技艺传承的重视，人们愈发感觉到对景泰蓝的保护性工作已经刻不容缓，必须尽早提上日程。谈及对历史传统的保护，钟连盛认为当务之急是关注那些景泰蓝行业内的老一代从业者们。他们为这个行业付出了一生的时光，他们丰富的经验是十分宝贵的财富。要将他们的经历记录下来，倾听他们的真实心声。

⊙ 作品《中国牛瓶》

"北京市珐琅厂从最早的作坊发展到今天，每个时期都保留了大量的文字信息、图稿设计和实物资料，这些珍贵的历史记忆是珐琅厂的财富，也是整个景泰蓝行业的宝贵财富。"一次会议上，衣福成总经理的发言，引起了大家的共鸣。钟连盛也感慨万分：如今，从珐琅厂退休的老艺人、老技师年龄渐高，那些保存的历史资料也有逐渐散失的，而且与景泰蓝制作的相关资料与文献还缺乏系统性的整理。北京市珐琅厂的领导高度重视这项工作，于是成立了专项小组，分头梳理景泰蓝的历史文献、手稿、老图纸、老照片、老工具及相关实物，创办了国内第一家较为系统、全面介绍展示景泰蓝艺术发展演变的中国景泰蓝艺术博物馆，这是向中外来宾介绍景泰蓝这门传统技艺的最佳窗口。目前，每天来参观的客人都不少，这对于促进大众了解传统工艺与文化来说是极为有益的。

一堂生动非凡的劳动实践课

当你步入中国景泰蓝艺术博物馆内，一定会被其中精美的展品与生动的介绍所吸引：只见场地的正中央，几个清代工匠正全神贯注地投入到景泰蓝各工序的制作，也许你会感到疑惑，这是古人穿越到今天了吗？其实，这是博物馆内复现的清代景泰蓝工艺历史场景之一；走过拐角，是一个装有五颜六色珐琅釉料的展柜；最令人感到震撼的是博物馆内收藏的镇馆之宝"兵马战车"。与西安的秦始皇陵铜车马不同，这副铜车马是由景泰蓝工艺制成的，蓝色的华盖下，驭马人正端坐在后座上，目光沉稳，手里的缰绳牵着4匹蓝色的骏马，仿佛奔驰在千年前的古道上。除此以外，馆内还有许多珍贵的历史文件与图片。

北京市珐琅厂还专门开设了针对中小学青少年的夏令营活动以及外省市来的研学、研修活动。在夏令营里，学生们从最早的实用器皿开始了解，例如彩陶、青铜器、漆器、瓷器等等，再逐渐学习关于宫廷艺术"燕京八绝"的知识。营内负责讲解的老师将这些传统技艺一一介绍给学生们，带他们了解不同朝代的纹饰，不仅让青少年们切身感受到传统手工艺的魅力，还可以让他们体会到中国古代美学的韵味，提高美学品位。

钟连盛在谈到景泰蓝艺术博物馆对孩子们的意义时说道："如今的孩子们大多都会使用电脑，如果配合以优秀传统文化的教学，一定能使传统工艺得到新的发展机遇。"除此以外，实地体验也可以让孩子们走出家门，去动手实践，感受景泰蓝技艺的魅力，培养对传统工艺与现代技术的兴趣。将景泰蓝的美传递给下一代，这是钟连盛与众多北京市珐琅厂职工们的共同心愿。

目前，中央美术学院、清华大学美术学院、中央民族大学、

⊙ 景泰蓝制作工序之一——点蓝

北京工业大学艺术设计学院、北京联合大学、北京城市学院等众多高校的本科生、研究生及留学生，都有机会通过与北京市珐琅厂的合作办学项目，走入珐琅厂和博物馆内开展深入学习和交流活动。钟连盛所在的北京市珐琅厂，除了在高等教育领域开展教学与研究工作，也和不少职业院校开展合作。例如，北京电子科技职业技术学院、北京工艺美术技师学院等就建立了景泰蓝大师工作室，聘请钟连盛为学生们授课，为行业的未来发展培养人才。钟连盛说，他自己在教学的过程中收获了不少灵感，也用自己的艺术经验与心得启发了学生。不过，最令钟连盛感到欣慰的是，现在景泰蓝作为国家非物质文化遗产，开始逐渐走入中小学的课堂。激发孩子们对景泰蓝制作技艺的兴趣，也是保护非物质文化遗产的重要环节，这让钟连盛对行业的未来发展充满了信心。

"读万卷书，行万里路"，位于北京市的首都师范大学附属中学育鸿学校，依据新的教学理念，设立了"非遗＋"课程。自从相关系列课程开设以来，就受到家长和学生们的一致好评。这天学校五年级的同学们满怀着期待、激动的心情，走进了中国景泰蓝艺术博物馆。在课堂之外的学习经历让同学们兴奋不已，这次的研究性学习更是让同学们期待已久，他们刚一踏进博物馆展览的大门就被景泰蓝的美所吸引了——2000 多件陈列在博物馆中的精品，打造了一条完整的景泰蓝发展历史脉络，在讲解员老师的带领下，同学们认真了解并观看了景泰蓝的制作过程。最令他们激动的环节还要数亲自动手制作景泰蓝：大家看着工作人员手中拿着的还未制作完的铜胎，跃跃欲试的神情早已溢于言表。

"老师老师，我们什么时候也做这个呀？"

"咱们什么时候可以正式开始呀，老师？"

同学们个个都迫不及待。

在后续的劳动课上，同学们在老师的引领下，体验了景泰蓝制作技艺中的关键一环——"点蓝"工艺。一只只活灵活现的小蜜蜂、小蝴蝶在同学们的手下仿佛被赋予了生命，大家纷纷炫耀起自己的杰作。简直没有什么能比得上这堂令人难忘的课了，以至于研学已经结束，同学们也不愿意离开座位。

介绍金属与火的艺术

对于钟连盛来说，最让他感到高兴的还是当前社会对景泰蓝艺术的广泛关注。从国家外交到民间传播，景泰蓝技艺受到了自新中国成立以来从未有过的关注。政府也对传统工艺的研究和保护加大了投入。"牛起来"的新时代，对于景泰蓝行业的从业者们来说，真是名副其实，人们不禁对未来充满了向往。其中一个议题是横跨过去与未来的桥梁，那就是技术革新。可以说，景泰蓝工艺从起步到辉煌的历程，也是一部景泰蓝技艺不断革新、发展的历史。

2019 年 5 月 11 日下午，在清华大学艺术博物馆四楼报告厅里，钟连盛正在向到场的专家学者以及清华的师生们讲解景泰蓝："景泰蓝是个性非常独特鲜明的金属艺术，自元代开始有了比较好的发展，在明代景泰年间比较成熟，至清代乾隆年间发展为鼎盛时期。"他从景泰蓝的起源讲起，兼谈其后续发展与技艺的革新问题。最令在场师生感兴趣的要数钟连盛在景泰蓝领域数十年的设计与制作经历，因为其中蕴含着钟连盛在每一次攻克难关时的心得与体会，这也正呼应了本次研讨会的主题——"汲古·融今：传统金属工艺当代转化和创新发展"，这是一场由清华大学美术学院工艺美术系与清华大学美术学院艺术史论系共同举办的国际研讨会，专门探讨金属工艺发展的历史。金属工艺与器物之美的发展紧密相关，更与景泰蓝技艺的发展史不可分割。从"金、银、铜、铁、锡"5 个维度全面关注金属工艺的发展，正是本次参加研讨会的学者们讨论的重点。

国家对景泰蓝工艺的关注与扶持，是景泰蓝技艺在近些年快速发展的一大主导因素。在国事活动中，景泰蓝屡次作为国礼出现在外交场合，代表着中国人民与世界各国人民之间的友谊。正因为需要承担庄重严肃的外交任务，在制作景泰蓝的过程中就必须采取更高的标准和更严格的要求。如北京雁栖湖会场的那次任

⊙ 2019年，钟连盛参加清华大学美术学院论坛

务一样，从传统的景泰蓝造型转变为新的造型，对金属工艺的革新应用就必不可少。钟连盛这次主题为《国之"重器"的继承、创新与发展》的演讲取得了很好的效果，在场师生无不为景泰蓝之美与大国工匠们的进取精神所打动。

随着景泰蓝逐渐引发社会广泛关注，钟连盛的个人事业也进展顺利。可以说，个人事业的成功与北京市珐琅厂及至整个行业的发展是不可分割的，企业行业的发展也会促进无数个人实现他们的梦想。

2017年钟连盛技能大师工作室被国家人力资源和社会保障部认定为"国家级技能大师工作室"。2018年，钟连盛大师工作室被中国轻工业联合会授予"非遗传承基地"。2019年钟连盛大师工作室被北京市经济和信息化局评定为"北京工艺美术大师示范工作室"，这也标志着钟连盛的个人职业生涯迎来了一个新的阶段。钟盛正在思考着如何将景泰蓝的传统技艺介绍给更多的人。不久，这个机会就来到了钟连盛的面前。

2019年6月，由中央广播电视总台、文化和旅游部非遗司联合制作的"文化和自然遗产日"特别节目《非遗公开课》在央视综合频道精彩开讲。作为非遗传承人的钟连盛与原中央工艺美术学院院长常沙娜共同讲述了景泰蓝艺术传承与发展的艰辛历程和辉煌业绩。

⊙ 2019，钟连盛（左）在央视综合频道非遗公开课宣讲

每年 6 月的第二个周六，是我国的"文化和自然遗产日"。2019 年是我国加入联合国教科文组织《保护非物质文化遗产公约》的第 15 个年头，作为拥有丰厚文化遗产与自然遗产的东方古国，自然要在世界非物质文化遗产保护领域发挥应有的作用。《非遗公开课》就是央视借此时机，精心打造的宣传节目，自 6 月 7 日开始在央视综合频道播出。要在收视率最高的黄金时段节目中，讲述景泰蓝的历史与发展，钟连盛非常重视。要知道，"老匠人与新青年"之间的对话，对于景泰蓝的未来发展和对非遗项目的保护传承来说，是具有重要意义的。

与钟连盛童年时期相比，如今的孩子们有机会接触到更多的传统艺术。如果能在此时为孩子们埋下一颗对传统艺术的兴趣的种子，说不定会在将来长成一棵参天的大树。正如童年时期的钟连盛全身心投入于那些木刻的伟人头像，如今他已经成为众多大国工匠中的一员。可以说，一个人的童年兴趣，往往可以陪伴他度过一生的时光，也可能助他一臂之力，成就未来的事业巅峰。因此，培养孩子们对传统技艺的热爱，对于钟连盛正在关心的非遗传承来说，是当务之急、重中之重。只有年轻一代对传统技艺的兴趣越来越大，景泰蓝未来的发展道路才会变得愈加宽阔。

第九章　推陈出新：
国家级非遗传承人的沉思与展望

扫码解锁

◎群英颂歌 ◎薪火相传
◎守正创新 ◎奋斗底色

江山代有才人出，各领风骚数百年。

——清·赵翼《论诗》

听钟连盛讲景泰蓝的历史

说起景泰蓝的前生今世，钟连盛认为即使花上三天三夜的时间也讲不完。"有的学者认为景泰蓝作为一种工艺，是从西方引入的舶来品，也有观点认为这是东方自古就有的技术，比如春秋时期越王勾践剑的剑柄上，就有琉璃烧制的痕迹，再比如日本正仓院收藏的中国唐代十二莲瓣银镜上，也有珐琅这样的工艺。"钟连盛说。

"较为成熟的景泰蓝工艺，在西方出现得比较早。爱琴海上的希腊诸岛曾出土过6枚几千年前的珐琅戒指，中世纪时期，在东罗马帝国也曾流行过这种工艺。大约在10世纪，波斯地区也出现了类似的工艺。到了元代，波斯地区的景泰蓝工艺就传入了中国。"讲到这里，钟连盛仿佛沉浸在那些丝绸之路上驼铃阵阵的场面里：景泰蓝犹如一位待嫁的新娘，正在前往一个未知的古老国度。

⊙ 国家级非遗传承人、全国劳动模范钟连盛

细心的朋友们也许会疑惑，如果说景泰蓝这种技术是从西方传入的舶来品，为什么如今我们在这些器物上，没有看到那些异域色彩的元素呢？为什么大家今天看到的景泰蓝器物都是中国传统风格的呢？实际上，中国自古就是一个工艺美学发达的国度，任何外来传入的技术，很快就会融入本土技术，变为传统文化的一部分。欧亚大陆上生活的人类几千年以来从未断绝过联系，各民族之间一直进行着经济上与文化上的交流。也正因如此，人们在日常生活中几乎感受不到外来文化的影响，尤其是那些已经传入数百年之久的"异域客人"——它们早已融入本地人的血脉，成为民族文化遗产中不可分割的一部分。从汉代的丝绸之路，到明代的郑和下西洋，东西方之间的文明成果始终进行着双向交流。自从铜胎掐丝珐琅工艺传入中国，就为皇家独享、宫廷御用，到了明代宣德和景泰年间，这种工艺就已经相当成熟了。景泰蓝，已经成为一项颇具东方风格的艺术，早已融入中国传统文化的血脉之中。

因此，如今的景泰蓝，无论是在技艺的精湛程度、艺术水平还是艺术品位上，亦或是在产品数量与质量上，都达到了前所未有的高度。说到这里，钟连盛不禁为此感到自豪：在这些成就中，新中国成立以来的几代京珐人也贡献了不少心血，才得以让这门精湛的技术免于濒危、传之后世。说起技术上的进步，想当初，明代宫廷内的御用监有专门制造景泰蓝的工坊，那时的丝工用紫铜捶打铜片，再用剪刀剪成一条条的铜丝，因此每一件器物的制作都要耗费心力。现如今，生产条件的极大改善，惠及了无数景泰蓝的传承者。最令人惊叹的还是如今釉色的品种、亮度和纯度，已达到了明清两代无法企及的程度。

钟连盛十分佩服老祖宗的智慧："据说当年人们还是从欧洲进口釉料的，那时进口的釉料虽然颜色不多，但是浅蓝似松石、深绿似碧玉、黄似蜜蜡、红似鸡血、宝蓝似青金，白似砗磲，呈现出极其绚丽的宝石光芒，再配合鎏金的工艺，仅用6种颜色就能让整个器物金碧辉煌、华美异常。"

"明代的景泰蓝工艺就足以让世人为之惊叹，而时间到了清代，尤其是在乾隆年间，掐丝珐琅的工艺更是发展到了封建时代的顶峰。其中有这几项改变是值得人们关注的：一是开始运用手摇压丝机，压出来的丝比剪出来的丝更加匀称精美；二是釉色更丰富，有20多种颜色，出现了粉红、菜叶绿、银黄和黑等新的釉色，并且釉色的粉碎技术提高，研细可以达到50目的标准，这就给花卉题材的表现奠定了基础，也使景泰蓝的色彩更加和谐典雅；三是景泰蓝技术更加广泛地运用于皇家的器物中，如桌椅、床榻、酒具、笔床等，大到宫里3米多高的佛塔，小到蚊帐的帐钩、吃饭的碗、烧香的炉子等，无不可以采用景泰蓝工艺制作；四是诸多宫廷画师参与了设计，连乾隆皇帝都亲自参与，除此之外，西洋传教士郎世宁也带来了不少西方绘画技法，令景泰蓝的装饰更加变化多端，开始追求繁缛精细之美。"讲起景泰蓝，钟连盛总是滔滔不绝。

见证过从辉煌到低谷的那代人

倘若你现在去故宫参观，还可以从这些精美的景泰蓝器物中，依稀看出当年的盛世气象。随着时间的推移，到了清末民初，景泰蓝这项技艺逐渐传入民间。但战乱频发，给景泰蓝工艺的传承和发展带来了巨大考验。原材料价格一路暴涨，这给中小生产者带来了极大压力。曾经的景泰蓝因得到皇家的喜爱而得以发展，如今民间生产的景泰蓝，没有了皇家经费的投入，自然就陷入了一个无序发展的境地。此时，景泰蓝的命运开始出现了转折。一方面，景泰蓝开始在海外受到欢迎，1904年老天利生产的"宝鼎炉"一举夺得美国芝加哥世界博览会上的金奖，打响了景泰蓝进军西方市场的第一枪。当时，西方人惊叹于这种精美绝伦的东方工艺，英、法、美各国商人在北京专设洋行，经营以景泰蓝为主的中国工艺品来满足西方市场的需求。于是旧日皇家专属的景泰蓝，开始在西方获得青睐。出口销量的上升，使得当时不少以制作景泰蓝器物为生的小作坊获得了喘息的机会，也看到了转型的希望。

于是在清王朝的最后一段时日里，景泰蓝的工艺不仅没有断绝，还得到了部分改进。

伴随着机遇而来的是重重危机。因为在西方市场上的销量暴增，一些作坊开始不顾及自己与同行的名声，在不断压缩生产成本、提升生产效率的同时忽视质量，于是当时生产出来的产品开始出现各种各样的质量问题，工艺水平出现了下降的趋势。清王朝的灭亡与民国的建立并未改善这一境况，由于军阀混战，局势动荡，百姓生活困苦，国内市场上的销量一直未得到提升；抗日战争爆发以后，进出口贸易几近断绝，给景泰蓝的生产者带来了沉重的打击。由于外销断绝、作坊倒闭，这一时期的制作者在材料上能省就省，据说胎体薄到扔在河里能飘起来的地步。于是民间出现

⊙ 钟连盛（左二）与同事们讨论方案

了一个景泰蓝的绰号——河漂子。说到这里，钟连盛不禁为此深感痛惜。由此可见，当时的工艺水平已经倒退到了何种地步。以至于市场上开始出现了这样的流言："有丝有蓝，不崩不漏就算是好活"。

从现在流传下来的民国时期的景泰蓝器物来看，当时的器物普遍没有什么大件，尺寸上甚至赶不上明清时期；大多数都是较小的瓶子、盒子、盘子等日常生活用品。多数器物在制作上十分粗糙，颜色杂乱不堪。新中国成立后的那一段时间，整个北京从事这一行业的人员仅剩几百人。工艺上的退步，从业人员日益减少，那些规模相对较大的百年老商号如老天利、杨天利、德兴成等都已经烟消云散。可以说，热闹了上百年的景泰蓝行业，此时已经面临着全行业性质的危机，眼看着这门珍贵的技术即将失传。

此时整个景泰蓝制作行业，呈现出一派萧条、衰败的景象。在北京城那最杂乱的胡同里，几家看似快要倒闭的小作坊正苦苦地支撑着。谁能想到，当年专供皇家御用的"国之重器"竟沦落到如此境地！枯黄的树叶正堆积在半掩着的木门前，仿佛这里已经很久没有顾客到访了。满头白发的老师傅刚刚还坐在炉膛前一条小板凳上，这会儿已经拿着破旧的小扫帚在清理屋内的蛛网了。老人的倔强似乎在无声地诉说着："即使生意再不景气，也得保住我们景泰蓝行业的面子。"只有这样的这三五个老师傅、几个小炉灶，维持着景泰蓝行业最后的尊严。可是，此时的局面似乎无可挽回：器物的产量十分可怜，质量也出现了严重倒退，销量不温不火，更艰难的是已经没有年轻人再进入这一行业了，技术的传承正面临着青黄不接的局面。回忆着宫廷里珍藏的那些精美的景泰蓝器物，老一辈手工艺人们无不感到痛心。"必须重新振兴这门技艺！"正是在这种情况下，梁思成、林徽因等学者们开始寻找、联系那些老工匠们，致力于拯救这门濒临失传的传统手工艺。

向肩负历史重任的前辈们学习

作为北京市珐琅厂的第三任总工，钟连盛是在前辈们的悉心教导下成长起来的，他的技艺是在现代学院和工厂车间的那些时日练就的。如今，钟连盛已经在景泰蓝生产行业里工作了46个年头，却丝毫没有改变当初严谨认真的态度。他不仅重视艺术创作，更重视技艺上的及时更新与发展；面临生产上的难题也从不畏惧，在每一个环节都认真指导技师们并严格把关。京珐牌的实力就是这样在点点滴滴的细节中积累起来的。

如今涉及景泰蓝工艺的不少订单，都需要多个部门、多个生产车间同步进行，这就需要集体协作来完成整个任务，甚至很多任务还需要上下游产业集体配合完成，这些产业也在一次次任务中逐渐壮大了自身的规模，提升了自身的水平。

要完成一项精品工程，往往需要综合多种技术资源，在来自多个行业的专家和熟练工人的配合下完成，这和其他工艺美术门类如牙雕、玉雕等很不一样。比如很多景泰蓝装饰图纸都是李静大师负责设计的。再比如新加坡那次的《景泰蓝转经轮》工程，其内部结构设计是由厂里的副总工程师刘令华完成的，要知道光是景泰蓝的净重和里面的 2000 册经书，就重达 1.5 吨，要想转动自如，不得不集众人之智慧才能完成全部目标。设计、生产只是众多流程中的一两个环节，运输与后续的安全工作也不容小觑。从分体到组装，从运输到安装，每一步都需要具体的解决方案。对此，钟连盛总结道："景泰蓝大型工程的设计制造与组织协调工作，没有企业领导的坚定决策、卓越领导和统筹保障是实现不了的"。

景泰蓝行业的发展、创新需要极大投入，如燃气炉的改造、新型釉料的开发与测试都离不开企业技术和资金的投入。1949 年以来，景泰蓝行业所使用的很多新型釉料，都是由钟连盛所在的北京市珐琅厂研制出来的，到如今已经开发了 60—70 种釉色，极大拓展了景泰蓝工艺在艺术表现上的发展空间。同时，更加环保、安全的无铅釉料也研制成功了，保障了生产者和消费者的身体健康，更对社会的长远发展极为有益。正所谓"绿水青山就是金山银山"，对于景泰蓝行业来说，工艺与自然的和谐共处更能满足人们的美学期待。

钟连盛也十分关心景泰蓝技术传承的问题。现代的景泰蓝工艺，要求传承者不仅要有丰富的工艺实践经历，也要具备一定程度的文化和美学素养。从掐丝工序里纹样的形象到点蓝工艺的色彩表现，都需要在实践中积累个人经验，磨炼自身的心性。花卉、鸟兽、鱼虫等传统美学造型要牢记心间，更要关注国际国内艺术界的最新动态和美学潮流，做到不落后于时代，也不忘历史。新一代的景泰蓝工艺传承者可以通过讲座、比赛等多种形式的活动进行学习，相比老一代人资源更加丰富。而珐琅厂的产品之所以能历经多年始终获得市场的好评，就在于一代代传承者的执着，不懈努力和无私的传承。钟连盛现在带了十多名徒弟，他们都是学习工艺美术设计的大学生。老师的艺术创作与实践经历，都是很好的学习资源，这让徒弟们受益匪浅。一方面，钟连盛要求自己的学生走进车间进行实践操作；另一方面，也鼓励他们设计新作品参与展览和交流。徒弟们的努力也让钟连盛十分欣慰，现在，徒弟们所创作的作品也多次荣获全国、北京市各类工艺美术大展的奖项。钟连盛始终相信，他们是未来景泰蓝技艺传承发展的希望。

正是因有几代京珐人的不懈耕耘，无论在管理上，还是老一辈艺人与大师们倾注心血的艺术创作经验和成果上，抑或是老技师们精湛的技艺为坚实保障，我们才能够站在先辈稳固的肩膀上，踏着这份厚重而坚实的基石不断前行。对此，我们深感无比荣幸，并心怀永恒的感激之情。

近些年，国家大力投入资金与人力，以保护传统技艺的传承与发展。目前，国内的许多艺术院校都开设了传统工艺美术的课程，其中就有与景泰蓝工艺相关的课程设置。像北京服装学院就聘请了"燕京八绝"的大师做相关专业硕士研究生的导师，每年景泰蓝专业都会招收一到两个学生。第一年主要是学习研究生相关课程，到了第二年就要进厂实习，熟悉景泰蓝生产的各个流程，最后的毕业论文和设计需使用景泰蓝工艺来完成。学生们主要是自己动手制作，那些难度大的环节会由工人师傅们从旁协助。钟连盛认为，即使学生将来没有从事景泰蓝工艺的生产，也

⊙ 钟连盛（前一）与艺徒们

会因此受到潜移默化的影响，会在以后从事的行业里将学到的知识和技艺融入进去。回想起自己的恩师钱美华老师的教导，看着眼前充满活力的徒弟那热情的面庞，钟连盛对景泰蓝的未来感到更加自信了。

新时代劳模的使命感

自党的十八大以来，弘扬中华优秀传统文化成为治国的重要方略。国家各部委为景泰蓝工艺的传承与发展提供了大力支持。从国家发展改革委、工业和信息化部到中国轻工业联合会，都积极组织和开展"中国工艺美术大师评选"活动，以提升相关行业从业者的社会地位；文化和旅游部非遗司、国家艺术基金、北京文化艺术基金等部门，都对景泰蓝的传承发展提供相应资金和项目上的支持，内容包括技术改造、科技创新、产品开发、人才培养、文化传播等。这些举措都说明了国家对景泰蓝工艺发展的关注和支持。

2006 年，国务院正式批准命名第一批国家级非物质文化遗产名录，其中包括景泰蓝制作技艺；2007 年 6 月，当时的文化和旅游部确认并公布的第一批国家级非物质文化遗产项目代表性传承人名单里，就有钟连盛的恩师——钱美华大师；2011 年，北京市

⊙ 2023 年，钟连盛（中）荣获"亚太地区手工艺大师"荣誉称号

珐琅厂成为文化和旅游部评定的首批"国家级非物质文化遗产生产性保护示范基地"，"京珐"牌成为景泰蓝行业中唯一一个"中华老字号"；钟连盛本人则在2012年12月文化和旅游部确认的第四批国家级非物质文化遗产项目代表性传承人名单之列。"这些都是国家给我们的鼓励，也是支撑我们前进的动力。"钟连盛说。

作为一名非遗传承人，钟连盛觉得自己的肩上担负着历史的使命。他认为自己有责任也有义务担负起整理、研究、传承景泰蓝工艺的任务和使命。钟连盛认为，必须把景泰蓝放在具有代表性的中华民族优秀传统文化的高度进行弘扬，并多方面地与外界交流。

除了传承传统技艺这个使命，钟连盛在和徒弟们谈起景泰蓝工艺的未来发展时，常显露出独到的眼光："非物质文化遗产的保护和继承，原来老说要保证原汁原味，现在提倡非遗融入人们生活。现在工艺美术总的状况是仿古、崇旧、复制之风大行其道，在创作上攀比求大，以奇为美，以繁为荣。景泰蓝工艺发展这么多年，在打胎、釉料、点蓝、烧制等每个工艺环节都有很大的技术革新。在继承传统技艺基础上打造鸿篇巨制、传世珍品确实有必要，不过一些传统图案，如福禄寿喜、富贵牡丹、升官发财、子孙万代，或狮头、象头、龙头、羊头等要随着时代的变迁有所创新，多样性、个性化的继承和发展才是我们这个时代的必然选择。"

正如习近平总书记在参加十四届全国人大二次会议江苏代表

团审议时所强调的那样："要牢牢把握高质量发展这个首要任务，因地制宜发展新质生产力。"创新、质优，是人人都熟悉的词，但考虑到我们当下社会的现状，钟连盛的这段表述值得我们深思。传统文化在当今社会愈得到人们的重视，传承者就愈应当考虑面向未来的问题。每个时代都有每个时代的主题，如何将前人的遗产加以改造和利用，应用于我们这个时代，是每个传承者都应当思考的头等大事。对于景泰蓝行业的发展，每一位传承者都应当把"新质生产力"作为当下的探讨主题，以面对来自未来的挑战。

"面向新时代，我们景泰蓝人不能仅仅停留在传承工艺本身，而是要更好地拓展工艺可能的发展途径，尊重历史，适应市场，努力寻找工艺的时代生长点"。钟连盛这番语重心长的话，可以为

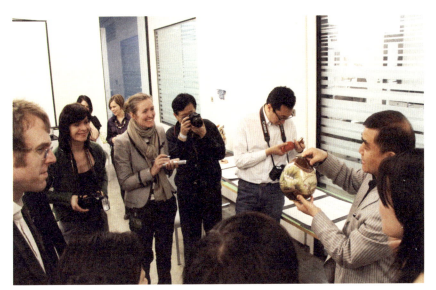

⊙ 2011年，钟连盛（右二）在英国伦敦大学切尔西艺术学院交流

我们提供借鉴。

国际上的交流也是钟连盛格外关注的一件大事。前几年，钟连盛与"燕京八绝"的大师们一起，带着自己的作品到欧洲去参加交流活动。参展的团队一路经过意大利、法国，最后抵达了英国伦敦艺术大学切尔西艺术与设计学院，进行了为期 3 天的文化交流活动。国外的艺术家们介绍了他们的文创新理念，来自中国的队伍也向参展的各国友人介绍了我们的技艺，大家都感到十分新奇。这次出国交流活动使钟连盛倍感自豪，因为各国参展者无不被古老而精美的技艺所打动。景泰蓝工艺本是从异域传入华夏大地的，如今却在中国的土壤上结出了累累硕果，成为中国传统技艺中的重要代表，足以证明我们中国人强大的创新能力。

国外诸多艺术界的名家也参与进来，一时间交流的气氛格外热烈。"真心希望中国的同行能与我们合作，来开发高档的家具、首饰等，能够和中国朋友合作共赢是我们的荣幸。"几位艺术家真切地对钟连盛说道。经过这次交流，钟连盛认为如今国际上还是很关注中国文化的，加强文化交流与相互学习，对于国内景泰蓝行业的从业者来说，也是一次开阔眼界的机会。

还有来自伊朗的艺术家来厂找到钟连盛，铜胎掐丝珐琅这门技艺，在伊朗已经失传 200 多年了，如今在中国能够再次见到如此精美的工艺，丰富现代的艺术精品，令他们赞叹不已，视为现代艺术宝库中的璀璨明珠。伊朗朋友们同时盛情邀请中国同行到伊朗去交流技艺，希望能够复现这门古老的技艺。

钟连盛常常对未来展开联想：什么时候我们可以组织中国不同时期的景泰蓝艺术精品，到欧洲、中东去巡展，让世界也熟悉、了解中国的景泰蓝工艺，重新认识这一悠久灿烂的传统技艺，在中国发扬光大的辉煌成就。

钟连盛时常告诫徒弟们，最重要的事情就是学习。只有不断加强学习，积累自身的修养，才能不断充实自我，提高自身的创新力。景泰蓝不仅是一门技艺，还是一门艺术。文化和艺术是随着社会的发展不断进步的，真正的艺术必须把握时代的脉搏，不断更新从业者头脑中的知识储备。"苟日新，日日新，又日新"是千百年不变的道理，传承与发展不是矛盾的关系。徒弟们听了老师的经历和心得，频频点头表示了自己的认可。

钟连盛微笑着继续讲道："从历史上来看，各个时期的工艺也是处在发展和变化中的，每一件作品不仅会融入技艺的创新和发展，也会融入创作者对艺术的解读。继承传统和发展创新是融为一体的。现代艺术能够引导传统工艺的多元发展。我们要继续寻求与室内建筑装饰、室外景观工程等现代应用领域相契合的方案，使景泰蓝进入当代人们的生活，符合当代人的审美，满足人们不断增长的新的精神和物质消费需求，使祖国优秀的传统工艺焕发生机，从而更好地发展。"

这一番真挚的话语，让徒弟们获益匪浅。钟连盛相信通过这一代代人的努力，景泰蓝这一古老的技艺，一定会得到更好的传承、创新与发展，一定会绽放出更加绚烂的艺术光彩！

附录：

2004 年 4 月，中华全国总工会授予钟连盛同志全国五一劳动奖章；

2006 年 12 月，经国家发展和改革委员会第五届中国工艺美术大师评审工作领导小组批准，授予钟连盛同志"中国工艺美术大师"荣誉称号；

2007 年 3 月，钟连盛获得中国共产党北京市委员会、北京市人民政府授予的"有突出贡献的高技能人才"称号；同年，钟连盛获得北京市工业促进局授予的"北京特级工艺美术大师"称号；

2008 年 4 月，钟连盛被中华人民共和国国家知识产权局聘请为"中国知识产权文化大使"；同年钟连盛作为奥运火炬手参加了北京夏季奥林匹克运动会圣火传递活动；

2010 年 4 月，钟连盛获得中华人民共和国国务院授予"全国劳动模范"荣誉称号；

2012 年 12 月，经北京传统工艺美术评审委员会评审，决定授予钟连盛同志北京工艺美术行业第二届"德艺双馨"大师称号；

2012 年 12 月，钟连盛被中华人民共和国文化部命名为第四批

"国家级非物质文化遗产项目景泰蓝制作技艺代表性传承人";

2014 年 3 月，被中国工艺美术协会授予"2013 年度中国工艺美术行业典型人物"荣誉称号；

2018 年 1 月，钟连盛荣获光明日报社　光明网"2017 中国非遗年度人物"称号；

2018 年 12 月，被北京市人民政府评选为"享受政府特殊津贴技师"；

2019 年 1 月，中华人民共和国经国务院批准荣获"2018 年享受国务院政府特殊津贴专家"；

2019 年 3 月，荣获中国共产党北京市委员会、北京市人民政府授予的 2017-2018 年度"首都精神文明建设奖"荣誉称号；

2023 年 11 月，荣获世界手工艺理事会亚太地区颁发的第四届"亚太地区手工艺大师"荣誉称号；

2023 年 11 月，荣获中共北京市委、北京市人民政府授予的"第九届首都民族团结进步"先进个人称号；

2024 年 6 月 6 日，"逐梦蓝彩——钟连盛景泰蓝艺术展"在中国工艺美术馆，中国非物质文化遗产馆盛大开展。